The New Frontier of Religion and Science
Religious Experience, Neuroscience and the Transcendent

人はいかにして神と出会うか

宗教多元主義から脳科学への応答

著――ジョン・ヒック
John Hick

共訳――間瀬啓允・稲田実
Hiromasa Mase/Minoru Inada

法藏館

The New Frontier of Religion and Science
by John Hick

日本の読者の皆さんへ

本書がいま日本の読者の皆さんに利用していただけるようになり、うれしく思っています。というのも、本書が扱っている諸問題は国籍、宗教、文化を問わず、すべて私たちに共通するからです。

物質の世界を超える実在への信念は、瞑想による宗教体験や自然の驚異を観想する宗教体験のもとで、合理的に基礎づけることができるでしょうか。現代の脳神経科学はこのことに影響を及ぼすのでしょうか。さまざまに異なる世界宗教のあいだの関係はどのように理解すべきでしょうか。

過去に二度、私は日本を訪問しました。しかし現在（二〇一〇年）八十九歳のこの身では、もう残念ながら、これ以上の訪日はかないません。けれども日本と日本の将来に対する私の関心は、少しもおとろえることなく続いております。

最後に私は、本書を日本の読者の皆さんにお薦めします。手に取り、お読みいただければ幸甚です。

ジョン・ヒック

序文

科学と宗教をめぐって活発な論議がなされている。とりわけアメリカではダーウィンの進化論に対抗するかたちで天地創造論、あるいは（もう百年以上も前に終わったはずの）インテリジェント・デザイン（神の意匠）論がいまなお論議されている。さらに中身のある現代的な論争は、およそ一三〇億年前に生じたというビッグ・バンに創造主が介在していたのではないかというものである。もしそうであるなら、これは宗教でいう神、あるいは人格をともなわない何らかの創造的な力というものに言及することになるだろう。しかしこのことは、宇宙の初期の「微調整」状態によって現在見るような星や惑星や、生命を生みだす神の意図的行動が必要とされたというふうには考えにくい、という主張に結びつく。この主張は、今日多くの科学者に支持されている多元的宇宙論からの反撃を受けている。多元的宇宙論というのは、この宇宙はおそらく何十億個もある宇宙の一つだ、というものである。さらにそのなかで、たまたま知的生命を生んだ宇宙が一個ないし数個ありえたという可能性はほぼゼロに等しい、とするものである。とはいえ創造論をめぐる論争を全体的に眺めると、それが広く論じられてはいるものの、実質的な進展がないままに、ただ論争が蒸し返されているだけのように思われる。

こうした論争の背景には宗教と唯物論の根本的な相違がある。唯物論は、宗教がさまざまに異なるしかたで指し示している究極的な超越的実在を、いかなるかたちであれ、認めようとはしない。そして今日、この論争の最先端にあるのが人間の脳である。脳神経科学の発展によって心は脳の機能にともなう不可解な一時的副産物でしかない、ということが本当に示されたのだろうか。このことが今や不可避な、新たな疑問である。もしそうであるなら、宗教体験はどのようなかたちであれ、この物質世界を超えた実在に対する純正な認識ではないことになる。なぜなら唯物論はそうした実在を認めようとはしないからである。その結果、宗教体験はこの自然界で途切れることなく続く因果関係に支配された、脳内の物理的出来事の反映にすぎないことになる。

問題は深刻である。というのも、のちほど説明するように、宗教の生きた心は、信条や位階制の聖職と結びついた宗教制度のうちにではなく、宗教体験のうちに見出されるからである。信条や位階制の聖職は避けることのできない発展だとしても、有益であると同時に、無視することのできない危険をも招いたのである。宗教体験もまた、それなりの危険をはらんでいるので、純正であるかどうかの判断基準は欠かすことができない。とはいえ、こうしたすべてのことを含めて、最近の脳神経科学からの挑戦は宗教体験にも及んでいる。

こうしたことを論じるに当たって必要不可欠な専門用語には説明を加えておいた。また本書は全体を通して一般読者の興味に十分応えることを意図して書かれている。

脳神経科学の分野では、さまざまな疑問点に答えてくれた多くの専門家たちの世話になった。とりわけカリフォルニアのシリコンバレーに住むティモシー・マスグローブ博士に謝意を表したい。博士は認知科学の分野における専門的な知識を哲学に結びつけていたので、私は多くの間違いをしでかさずに済んだ。博士はまた最新の情報や新たな論点を指摘してくれたので、脳神経科学を扱った章が大幅に補強できた。博士には本当にお世話になった。

ジョン・ヒック

二〇一〇年版への序文

本書で扱う三つのテーマ――宗教体験、脳神経科学、宗教多元主義――は何年も前から論じられており、現在もなお論じ続けられている。

宗教体験の経験主義的研究はいまやヨーロッパと北アメリカから極東にまで広がり、中国では基盤レベルの研究プログラムに従っておこなわれている。そして将来的にこの研究に携わる人たちはロシア、南米、トルコ、そのほかの国々にも広がりそうである。しかしイギリスとアメリカの約三分の一の人びとが何らかのかたちでの宗教的な「絶頂」体験を報告したとする初期の調査結果は、見直す必要がある。なぜならこうした調査結果は、主に新聞広告への回答をまとめたものだからである。誰もが新聞を読むわけではないし、また読んでも、誰もが新聞広告を見るわけでもない。また新聞広告を見ても、驚くべき霊的体験をした人の誰もがそのことを話題にしたいとは思わないこともあるだろう。したがっておそらく三分の一以上にのぼる人びとが、事実上、時に異様な高揚する精神状態を体験しているものと思われる。ここから生じる疑問のすべてはそのまま残るが、しかしこれらの疑問はいっそう緊急で、いっそう広い意味を持つものとなる。

とくにこうした体験を信じることが理性に適うものであるかどうかという疑問は、さらに切実となる。こうした体験は木の葉を一瞬、小鳥に見間違えるというような何の意味もない、一時的な気の迷いとして忘却されるべきか、それともそのまま見えた通りに、つまり物質的なものを超えた実在が垣間見せた特別なしるしとして受け入れるべきなのかどうか。これは本書の六章と七章で論じられている内容である。私は、人間が生きていく上で拠りどころとなる原理は疑うべき積極的な理由がない限り、そう見えるものはその通りにあるものとして受け入れるべきだと考えている。これが、私たちを取り巻く環境にかかわるすべてにおいて暗黙のうちに認められている「批判的信頼」という原理なのである。私はこの原理が感覚体験だけでなく宗教体験にも等しく、すべての人間の体験に公平に含まれているという考えを保持している。感覚体験にも宗教体験にも同一の吟味がおこなわれる。これらの体験を信頼できないとする何か積極的な理由でもあるのだろうか。

いまや議論は、感覚体験と宗教体験のあいだの違いに焦点が集まる。主として感覚体験は強制的であるが、宗教体験はそうではない。また感覚体験は普遍的であるが、宗教体験はそうではない。さらに感覚体験は世界のどこでも一様であるが、宗教体験はそうではない。六章で詳しく検討されているのがこのことであるが、そこではこれらの違いが体験の対象の違いに見合ったものであると結論づけている。結局のところ、より広い体験にそって識別される場合に、宗教体験を疑わしいものとする唯一の理由は、私たちの文化に関する自然主義的な想定である。これは単なる想定であり、近代の産業化された私たちの社会に特有のものである。

この議論の一部、つまりさまざまな文化や宗教内において宗教体験が一様でないということから、互いに異なり、時には相容れない信仰内容をともなった諸宗教間の関係という、全体的に異論の多い問題が生じてくる。ここで私は多元主義的な仮説を提言しているが、これは私が『宗教の解釈』（初版一九八九年、再版二〇〇四年）とそのほかの著書で展開し、十分に弁護を尽くしてきた考えである。こうした議論は次のような観察可能な事実から出発する。多くの場合、諸宗教の信仰体系は大きく異なるし、なるほど相互に矛盾することもあるが、どの宗教のうちでも道徳的生活の質や霊的生活の質は、私たちの知る限りで言えば、おおよそ等しい。それでは、どのようにしてこのことは説明できるのか。自分の宗教だけが唯一真実で他のすべての宗教に優る——ある宗教よりも他の宗教においてより強力に肯定され、またある時代よりも他の時代においてより強力に確認された宗教である——というような伝統的な信仰によっては説明できない。これによったのでは事実の説明にならない。そこで私の提言は、私たちは究極的な超越的実在を要請しなければならない、とするものである。このものの本性は言葉による人間の理解を超えている（カテゴリーを超えている）が、さまざまな世界宗教のさまざまな文化的背景のなかで、人はこのものに対して理解を深め、応答している。この提案は、それが受け入れられる限り、それぞれの伝統のなかで自らの無比なる優越性の主張を必然的にともなう諸々の教義を徐々に濾過していくことで発展するということを要求する。しかしそれでも、これは人間生活についての観察可能な諸事実に忠実であるという長所を持っている。

宗教体験の認知的性質に対するもう一つの主要な挑戦は、最近の脳神経科学から始まっている。ほとんどの脳神経科学者は（他のほとんどの科学者と同じように）人間の文化について自然主義的な推測を共有している。それゆえ彼らは物質のほかには（もちろん人間の脳を構成する物質も含めて）何も存在しないと信じる唯物論者である。唯物論は西洋に限ったことではないが、それは自らを超えて暗黙の文化的前提となっており、科学者のあいだでは明々白々のことである。このことから、私たちの自然環境を取り巻き相互に影響しあうような、いかなる超自然的環境というものはない――それをちらりと垣間見るような宗教体験があるとしても、そういう超自然環境などありえないのであるから、端的に、ない――ということになる。したがってそのような宗教体験は純粋に物理的な用語で、例えば神経の機能不全というようなものとして説明されなければならない。本書の一章から五章では、これらの説明に関する賛否両論がいくらか詳細に検討されているが、その内容はここで過不足なく概略を述べるにはあまりにも複雑である。

私は、宗教体験に反対する脳神経学上の事例が証明されるものではないことを示したつもりである。証明されたことは、意識において生じているすべてのことに対して、何かがこれに対応して、脳内でも何かが生じているということである。意識と脳のあいだには完全な相関がある。しかし「相関」と「同一」は別物であることを私は指摘する。事実、同一論は手に負えない問題に直面する。私たちは色彩や物音や匂い、さらには体感や不快や痛みなど、身の周りの複合した様子を意識しているかもしれない。しかし脳のどの部分にも、そうした性質はない。これに相即する電気化学的な脳の状態が意識の状態を作りだすのかもしれない。つまり意識の状態にとって、そうした脳の状態は不可欠のものなのかもしれない。しかし脳の状態と意識とは本当に同一なのか。確かに同一ではない。実際に、今日の先端的な脳神経科学者たちは、意識の本性はまったく神秘のままであることを認めている。私は、サンディエゴにあるカリフォルニア大学の「脳と認識に関する研究センター」のラマチャンドラン（彼自身は唯物論者である）の次の言葉を引用したことがある。「二百年にも及ぶ研究にもかかわらず、人間の心に関するもっとも基本的な疑問は……未解答のままである。意識とは何か、確かにそれは大きな問題である」（ラマチャンドラン Ramachandran V.S. 1998, 14）。意識という言葉は、唯物論者のだれもが口には出したがらない言葉である。

　本書で論じられる諸問題はすべて今日的で、息づいている。この再版が思考を刺激し、議論の継続に役立つことを希望する。

二〇一〇年一月

ジョン・ヒック

目次

まえがき

オックスフォード・ブルックス大学教授（宗教哲学）
ビバリー・クラック（Beverley Clack）

本書の新版のために「まえがき」を書くようにとの依頼を受けたことは、私にとってたいへん名誉なことです。ジョン・ヒックはこの三十年間、宗教哲学の分野において、もっとも重要な人物であることは疑いありません。ヒックの著書はいつも学問的ですが、それでもいつも接しやすく、またこのことは、今回とくに脳神経科学から引き出される一連の複雑な理論への取り組みを示す、本書の場合に当てはまります。ヒックの取り組みはいつもながら鋭くて複雑ですが、その取り組みによって哲学の手法や脳神経科学の諸理論が、世界のさまざまな宗教伝統や信仰についての彼の知識の上に引き出されてくるのです。

宗教を哲学的に論じるというヒックのアプローチは、有意義な人間生活を構築するさいに宗教が果たすことのできる役割をいつも強調しています。また彼の著述には、単なる学術的な課題以上のものを示す理念に関与しようとする人間的な資質がうかがえます。ヒックは読者に向かって体験の深みをじっくり考えるようにとの励ましを送ります。そういうものとして、彼の著作は信仰の生ける体験への誠実な取り組みによってその意義が明らかにされるのであり、ただ単に哲学的に熱心な読者に向けて、宗教上の信仰や実践は、どうあることが最良であるかを提示することだけをもって良しとするものではないのです。そのためヒックの著作は、人間であるとはどういうことかを理解しようとするすべての人にとって見逃せないものとなっているのです。もっとも重要なこととして、この問いに対するヒックの答えのなかには、ただ学者に向けて語るだけでなく、宗教的な滋養に飢えている広い範囲の読者に向けても語りかける、現代のスピリチュアリティ（霊性）の展開が含まれていることです。

二〇〇六年に本書が出版されたとき、「スピリチュアリティ」は科学と宗教の論争における重要な次元を強調するために意義深いものでした。その二つの領域は、ともに外部世界を表象してこれを理解しようとするので、論争はもはや単にこの二つの領域間の緊張についてのものではありません。宗教についてのある通俗的な批評家たちとは違って、この論争の現状は、主に進化論者と創造論者の論争ではありません。プロセス思想を含む多くの神学的立場では、神を信じることが必ずしも進化生物学で表明されている、科学的世界観を受け入れる障害にはならないと、すでに長く論じられてきています。論争はいまや、かなり違った方向に向かっており、西洋社会においてほとんどの一般市民の論議を支配している「主観的なもの」への関心とさまざまなしかたで関係しています。

もし社会政策が経済的平等を目的とした外部状況をどのように創りだすかという点の強調から、市民の心の幸せをどのように確保するか、という点の関心へと移行するなら、個人の内面的領域へ向けた同様の移行が、科学と宗教の論争においても察知することができます。いまや、議論の重要な側面は、人間の意識の本性を理解しようとする試みへと転回しています――意識は脳のプロセス（過程）に還元できるのか。あるいは哲学者が伝統的に「心」と呼んできたもの、つまり物質的な脳を超え、これに還元することのできない何ものかについて語る余地はあるのか。

ある哲学者たち――私もここに含まれるのですが――は、宗教と科学は別々の言語を使っている、宗教は芸術や詩と類似の関係にあることを認めることなしには理解できない、と論じることによって、できれば論争を別の方向に持っていきたいと考えています。宗教は、芸術そのほかの創造性の表現形式のように、意味を作りだそうとする人間の試みの一部、つまり自分の心に語りかけてくるような、また希望や願いに反目することの多いこの世界のなかで自分の居場所を見つけさせてくれるような、そういう自分自身の生の物語を作り上げようとする人間の試みの一部です。もし科学がこの世界を記述することを求めるなら、宗教はその世界のなかでの自分の居場所を理解する方法を求めます。宗教的である者にとっては、これは世界のなかで自分が生きる方向を見つける方法について、またとくに当てにならない人間関係をどのように変えることができるかについて、真剣に考えることを含んでいます。

宗教の持つ情動的で非認知的な側面に焦点を当てるこの種のアプローチには問題がないとはいえ

ません。ヒックの著作を読むと、いつもながら、私はそうした考えの欠陥や落とし穴に気づかされます。宗教を科学から遠ざけようとする方法は、現代のある科学者たちの態度を明示する「科学主義」の強い影響力を見過ごす恐れがあります。科学主義においては、これが絶対的にすべてを説明する方法になるというところまで、科学の領域が拡張されます。その結果、人間の生活や体験のうちに秘められた神秘と美についての深い理解が犠牲にされてしまうことになります。ヒックはそのように覆いかかっている方法論の問題を真正面から扱っています。彼は脳神経科学によって発見された内容を注意深く分析していますが、そうすることで、脳と心を直截的に同一視しようとするいかなる試みにも挑戦することになるのです。もしこの同一視が何の考えもなしに容認されてしまえば、何かとても大事なものを失うことになります。けれども、人間の意識と物質的な脳との違いについての、かなりドライな擁護論であっても、ヒックの手にかかると、さらにまったく意義深いものに変えられていきます。ヒックの関心は、宗教体験を解釈する上で、心を脳に還元することから生じる結果にあります。もしも宗教体験を脳内のプロセスに還元することが（これは明らかに妄想的なことなのですが）できるとするなら、それは、宇宙の本性や神的なものの実在性についての何かを私たちに伝えてくれる体験とは違って認知的な何かとして理解されることがありません。宗教体験を純正な現象であるとするヒックの擁護論は、多くの脳神経科学の限界といまだ証明されていない諸々の想定とを暴露するのですが、それは、ヒックがこの議論を用いて、意味深い現代のスピリチュアリティがどのような姿に見えるのかという、重要な問いを開示する以上の効果を上げています。

現代のスピリチュアリティがとると思われる形態を展開させるなかで、ヒックは科学と宗教の双方の原理主義に挑戦しています。もし彼が科学主義の失敗を明らかにすれば、そのときには宗教のとりうる抑圧的な形態のほうが許容されるのではないか、という懸念が持たれるかもしれませんが、けっしてそういうことにはなりません。ヒックはとりわけキリスト教の直解主義には手厳しく、これを「神学的に粗雑なもの」として排除します。宗教の排他主義的モデルへの復帰はありえません。それにかえて、ヒックは宗教について考えることの利点を、その制度的形態のなかにではなく、彼が「超越者」と呼ぶものへの内面的、霊的応答として考えます。宗教のこの側面を強調することは歓迎されるべきです。といいますのも、そうすることで私たちは、宗教制度や権力構造の失敗に関する論争から離れて、何らかの、さらに人道的で人格的なもののほうに向かうからです。ヒックの関心は、超越者への「最良の道」を提供する決定的な観点をもって世界の宗教伝統の違いを確定することにあるのではなく、それぞれの伝統の類似点がどこにあるか、またそうした類似点をどのようにベストに構築していくことができるか、を考えることにあるのです。霊的領域を強調することで創造的な繋がりが見出され、宗教の多元主義的ビジョンの発展のなかで、これが利用されていくのです。

ヒックのアプローチは、それぞれの宗教を、「苦しみや死を含むそうした有限性のストレスに対して応答する準備にかかわるもの」として見ることに依拠しています。それぞれの宗教は「際限なくより良い存在」の真の可能性を提供する、と彼は言います。その意味で、それぞれの宗教は救いの道を準備することにかかわっているのです。しかしながら一般的な関心を確認することは、ヒックがそれらの違いを無視しているとか、どの単一宗教の複雑さにも向き合っていないとか、ということにはなりません。異なる霊的なアプローチは、どの単一宗教の信奉者のあいだでも見られることなのです。世界信仰のなかで異なる道を可能な限り確認するということは、諸宗教が不定形の集団として扱われないことを意味しています。そうでなければ、諸宗教の要となる修行や主張が「キリスト教徒なら皆こう考える」「イスラム教徒なら皆ああ考える」というような、痩せ細った内容のものにされてしまうからです。ヒックはそうはしないで、神的なものへと向けられた一連の異なる洞察が現代の霊性の構造のなかで究明され活用されることのできる、多元主義的なものの見方というものを受け入れることによる恩恵を確認しようと努めます。この努力のために、さまざまな宗教伝統に属する神秘家たちからの洞察がとくに重要視されます。なぜなら神秘家たちは既存の宗教のドグマ（教義）に挑戦し、ヒックが提唱したいと望んでいる霊的思想や実践の類の枠組みを提供するからです。

この現代のスピリチュアリティの展開のなかに、多くのテーマが際立ちます。第一に、ヒックは宗教を道徳的実践のかたちに還元しません。ヒックは現代的な聖者のあり方が政治的な関与と行動の自由をともなう方法と考えているのかもしれませんが、これは宗教と道徳のあいだを結んで完全なる一体化をなすには十分ではありません。どうしてでしょうか。それは、宗教が「意味のさらなる次元」を探究することに関わっているからだ、とヒックは言います。宗教的なものの見方の重要性は、道徳的な生活の構造に還元することはできません。宗教的なものの見方は道徳性に還元することのできない何ものかを付加するからです。この主張は、宗教的なものの見方が、世界の本性について考えるための枠組みを用意する方法に関して、何らかの重要なことを示唆しています。このような世界で生きていることは何を意味するのでしょうか。どのような筋立てがこの世界を、そしてこの世界における私たちの居場所を、意味あるものとすることができるのでしょうか。宗教的なものの見方のうちに豊かさが生ずるのは、霊的な次元を通してその宗教的なものの見方が明確に表現されるときであり、それは私たちの体験や、私たちと他者との関係を深めることを可能にするものなのです。

こうした言葉で考えることは、ヒックが詳しく述べている立場の実践面を強調することに符合します。本書に示された諸観念が、どのように現代のスピリチュアリティを構築するのだろうかを読者の決定に委ねるのではなく、ヒックは私たちの注意を特別な分野に向かわせます。そこには、この世界において生き方を発見することは可能であるという意味での、「宇宙的楽観論」が含まれています。そしてその生き方とは、苦しみの現実を真剣に受けとめながらも「超越者中心の新たな方向性」を見つけることが可能であると了解すること、というものです。宇宙は善く生きることが可能であるような状態なのです。祈りや瞑想は、この方向性を支えようとする考え方を育むさいに特別な役割を担っており、そして一連の宗教的な伝統と宗教的なものの見方に発する修行がこの展開を支えるために捧げられます。ここでとくに魅力的なことは、ヒックが自分自身の霊的修行の方法と、その修行に対する自分自身の省察を捧げる用意ができている、ということです。それは、読者諸氏がこうした修行はどのような内容なのかを洞察することができるようにするためです。浮かび上がってくる霊的な次元は、物事に配慮することを育むことのうちに根をもっています。そこで自我は世界のうちに居場所を得て、その世界へと自らを開いていくのです。

この深遠な書物は、人間を機械的で表面的なプロセスに還元してしまいがちな人間観と向き合っています。宗教が、もし霊的な次元をとおして理解されるなら、意味深い人生についてのより豊かな理解を支えることのできる何ものかとなります。本書は幾度の読書にも耐えることでしょう。といいますのも、本書は宗教が未来に果たすと思われる役割に関して、読者諸氏が真剣に考えることを促すからです。ヒックのビジョンは、私たち人間の持つ可能性を抑圧せず、この世の生との結びつきを深めるという、宗教に関してのものです。意識を持つ者として、私たちの生、私たちの関係、私たちの宇宙における居場所を省察することがどれほど貴重であるかを、ヒックは私たちに思い起こさせてくれます。時に瑣末なことや表面的なことにしか興味を示さないように見える時代に向けての、これは怠惰な思考に挑戦する重要な矯正の書なのですが、また、よりいっそう重要なことには、これは現代の世界に適した霊的な道に打ち込んでいる人びとに対して、インスピレーション（霊感）をもたらす書でもあるのです。

人はいかにして神と出会うか

——宗教多元主義から脳科学への応答——

一章　宗教体験に対する脳神経科学からの挑戦

現代の自然主義的世界観

脳の内部構造や脳の働きを研究する脳神経科学の成果と本書のテーマ、すなわち宗教体験が超越的実在に触れた体験として、当の体験者によって理性的に受け入れられるものかどうかというテーマは、どのように関連するのだろうか。

まずは自然主義の世界観を頭に入れておく必要がある。これは近代の西欧思想の中心にあるもので、仮想の実在というようなものの可能性を一切認めない考えである。自然主義の世界観は有力な科学者から提出された山のような注釈によって、いまや疑う余地のない仮説と見なされている。例えば「私たちの生命はかけがえのないもの、優れて個人的な記憶をともなうもので、大いに重要と思われている。その一方で、宇宙的規模で考えてみると、私たちの束の間の存在はまったく無にも等しいことを私たちは知っている（傍点は著者による）」（ラマチャンドラン Ramachandran 1998, 176）。

つまり知っているという言葉の通常の使い方において、私たちの生は無にも等しいことが自明であるか、あるいはそう信じるべき逆らえない理由があるかどうかという意味において、私たちは知っていると言うのである。しかし、私たちの生が無に等しいことは自明ではないし、またそう信じるべき逆らえない理由があるわけでもない。その状況は根本的な信仰箇条によるものなのである[1]。それは科学内部の、つまりは一般社会内部での優勢な無批判的仮説ないしは根底的なパラダイムなのである。唯物論者である哲学者のジョン・サールは、実際に次のように発言している。「唯物論が私たちの時代の宗教であるという感覚は確かにある。少なくとも哲学、心理学、認知科学、心の研究をする分野での専門家たちのあいだではそうである」（サール Searle 2004, 38）。これとは対照的に、イギリスのオープン・ユニバーシティの「脳と行動に関する研究所」の所長ステファン・ローズは、この科学界は「いまだに科学の形成当初の機械論的還元主義の考え方に捉われたままである」と考えている（ローズ Rose 2005, 215）。しかし私たちは思考や有力な仮説を見るわけではない。ただこうしたものを通してすべての物を見るだけである。そして思考にせよ、有力な仮説にせよ、これらは数世紀のあいだに変化してきたし、また将来に向かっても変化し続けるであろう。今日、自然主義を信奉する立場はとらないとする人びとでも、すべての人とか、すべての近代西洋人とか、あるいはすべての近代西洋の科学者とかというような何ものをもうちに含み込んだりはしない。

　心と脳の問題に関していえば、ハードな、つまり唯物論的な自然主義と、ソフトな自然主義とがある。ハードな自然主義のほうは宇宙の「すべてが」という意味で、宇宙は物質によってのみ構成されているとする。またソフトな自然主義のほうは、非物質的な意識の存在を容認するものの、それが脳を構成する物質には何の影響も与えないとする。脳神経科学が宗教体験に向ける挑戦は、ハードかソフトのいずれか一方の唯物論を前提にすることができ、しかもそのどちらを前提にしても矛盾を生じさせない。本書では両方とも検討するが、この章では唯物論的なほう、つまり物理主義的な解釈のほうを見ていくことにする。

物理学者たちの物質理解は不断に進歩している。十九世紀に着想した硬い「ビリヤード玉」の原子は、その後、長い時間をかけて陽子、中性子、電子雲の集まりである微粒子に置き換えられ、さらにクォークへと展開した。おそらく最終的には系全体が「ひも」と呼ばれる不可解な実体でできているといわれることになるだろうが、ここでいう「ひも」というのはメタファー（隠喩）である。というのは、もっとも根本的な問題に達すると、現代の物理学者はだいたいにおいて数学の用語を用いるか、メタファーの言葉で語るからである。しかし唯物論的自然主義は、どのようなものであれ、最終的には完全な分析によって解明されるという考えにはけっして依存していない。なぜなら、唯物論的自然主義というのは、物理的宇宙、つまり物質的宇宙はそれをいかように組み立てようとも、実在の全体からのみ成るという見方に立っているからである。心と脳の問題にこれを当てはめて、哲学者のダニエル・デネットはそうしたものの見方を提唱している。

心は、脳とは違って、……通常の物質からではなく、何か特別なものからできているとする考えは二元論であり、この考えは当然、今日では不評を招いている。通常、さまざまに表現され議論されている知識は唯物論である。あるとすれば、ただ一種類のもの、つまり物質しかない。それが物理学、化学、生理学において扱われている物理的なものである。そして心もまた物理現象でしかない。一口で言うなら、心とは脳のことである（デネット Dennett 1991, 33. 傍点は原文のまま）。

関係する分野の科学者のあいだでは、ほとんどの者が、と言ってよいほど、この考えである。もう一度ローズを引用しよう。「多くの脳神経科学者にとって、脳はどのように働いているかという質問は、心はどのように働くのかという質問と同じである。なぜなら脳神経科学者のほとんどの者が、心とは脳内に詰まった一五〇〇グラムの細胞と結合子から構成されているものという了解のもとにいるからである」（ローズ Rose 2005, 215）。

十七世紀の哲学者ルネ・デカルトは物心二元論を提唱したが、そのことが近代の始まりにおいてすこぶる悪い方向に向かわせたため、偉大なる錯導者とされている。またその誤りは、ようやく二十世紀になって訂正されたのである。一九四九年ギルバート・ライルは大いにもてはやされた著書『心の概念』においてデカルトの二元論を戯画し、「機械のなかの幽霊説」と酷評した（ライル Ryle 1949, 15-16）。そして、それに続く書物の流れは脳神経科学者であるアントニオ・ダマシオの著書『デカルトの誤謬』に代表される。デカルトの推定誤謬を訂正することで、心脳同一論は神あるいは神々を排除することになる。さらに個人を超えた存在であるブラフマン（梵）、ダルマカーヤ（仏身）、タオ（道）、肉体の死後も残るとされる人間の意識、物理的宇宙以外の存在領域までも、すべて排除される。また核心に迫ろうとするなら、このことは宗教体験を形成する意識の変容を含め、人間の意識の絶え間ない一瞬一瞬が脳の電気化学的活動に他ならないということを、さらには脳のその活動が不断に続く自然界の因果的連鎖の一部となっているということまでも必然的にともなう。

科学作家のリタ・カーターは、宗教および宗教体験に結びつく心脳同一論の関わりをわかりやすくまとめた。「心／意識／神――これを何と呼ぼうとも――が万物の根底にあるか、それとも物質が根底にまで下り、心が何か特殊な物理的状態ないし過程であるかのいずれかである」（カーター Carter 2002, 44）。なぜなら「古典的な唯物論モデルを実在に関する完全で正確な記述であると受け入れる者は、もしそう考えるなら、その［心脳同一論の］見方をするように強いられるからである」（同書、44）。そのため脳の働きを記述したカーターの著書は『心のマッピング』（カーター Carter 1998）と呼ばれている。

宗教的唯物論か

カーターは、首尾一貫した唯物論は超越的な神的実在に対するいかなる信仰とも両立しないという主張をはっきりと保持している。それにもかかわらず一部の著者たちは、依然として唯物論に宗教的な輝きを与えようとしている。最近の書物のなかには、そのタイトルが宗教を擁護するようでありながら、実は物理主義的な前提に立って心を理解しているものがある。いまでは脳神経神学についで語る者までいる。例えば脳神経生理学者のアンドリュー・ニューベルグとユージーン・ダキリによる『なぜ神は去ろうとしないのか』（邦訳は『脳はいかにして「神」を見るか』）という書物のなかで、「去ろうとしない神」とは脳のさまざまな状態が生みだす神の観念なのだ、としている。つまり「心と脳の関係において脳が心を作りだしており、その二つはさまざまな観点から見て本質的に同一の実体なのだ」としている（ニューベルグとダキリ Newberg and D'Aquili 2001, 34. さらにダキリとニューベルグ D'Aquili and Newberg 1999 も参照されたい）。

一見すると逆説的だが、一部の神学者もまたこの物理主義的な見方を是認している。というのも、聖書には死者が肉体的に甦るという考えや、肉体を得た魂の住む「新しい天と新しい地」があるという考えがあり、また大衆レベルでは天国や楽園、煉獄や地獄という構図があって、これがユダヤ・キリスト教的伝統においては人間を心身不可分な統合体として思い描かせているからである。中世キリスト教の宗教画家たちは裁きの日の絵に自分たちの創意を思いのままに描き込み、非道の者たちを悪魔とその仲間たちの力で地獄に引きずり落とさせた。ダンテの『神曲』は地獄篇で始まる。ミルトンの『失楽園』も同様に、破滅状態にある堕天使の忘れられない情景を描いている。そのすべてが当然のように、肉体を持った姿で描かれている。この心身不可分な統合体という着想は、ヘブライの聖典である旧約聖書のなかではふんだんに見られるが、しかし新約聖書には、あらゆるキリスト教思想家たちのうちで、最古にして最大の影響力を持つ聖パウロに、これとは反対の考えが現れる。将来における死者の復活に関して、パウロはこう述べている。「自然の体が蒔かれて、霊の体が復活するのです。自然の体があるのですから、霊の体もあるわけです。……肉と血は神の国を受け継ぐことはできません」（コリント第一、一五章四四節および五〇節）。心身は不可分、あるいは反対に心身は別物という両方の考えは、キリスト教史の始まりから今日にいたるまで折り合うことなく、どちらも連綿として続いている。しかし、たとえ旧約聖書の大部分で前提とされ、またキリスト教思想の主流として受け継がれてきた身霊不可分な統合体が認められるとしても、そのキリスト教なり、そのほかの主要な信仰なりが、物理主義的な自然主義と共生できるという主張をおこなうことにはならない。というのは西洋の宗教も東洋の宗教も、神にせよ、ブラフマンにせよ、タオにせよ、究極の実在が物理的な実体であるという主張はおこなっていないからである。（ヒンドゥーの哲学者であるラマヌージャは世界を神の身体と見る考えをとっているが、これは理解のしかたにもよるが、おそらくは例外に近いものであろう）。唯物論者の教説は、物質以外には何も存在しない、ゆえに物質でない究極の実在などというものは人間の空想によるもので、そういうものはどこにも存在しない、としている。唯物論的自然主義は、偉大なる世界宗教のどれとも根本的に相容れないというのが実情である。のちほど検討する「ソフトな」自然主義についても同じことが言える。

脳から意識への因果性

人間の脳はおよそ一千億個のニューロン（神経細胞）でできていて、人の知る限りにおいて、それは宇宙でもっとも複雑なものであるという事実は十分に理解されている。過去五十数年のあいだに、脳の研究は神経科学の多方面に広がった。いまや神経生物学には神経生理学、神経内分泌学、神経薬物遺伝子反応学、神経薬理学、精神測定まで取り込まれ、さらに神経テクノロジーを生みだし、また発展し続ける神経遺伝学産業にも関連しながら、神経経済学や神経倫理学にまで向かおうとしている。

研究は、脳の各領域における活動に関するマッピング解析に多大の進歩をもたらした。この進歩は脳電図（ＥＥＧ）や、さらに最近のポジトロン断層法（ＰＥＴ）、単一光子放射断層撮影（ＳＰＥＣＴ）、さらにはスキャニング技術によるものである。こうした技術によって、また別の手法も加わって、きわめて多くのことがわかってきた。とはいえ、わかったことに比べて、まだわかっていないことのほうが、はるかに多いことは否めない。だれもが認める大発見は大脳の四つの葉である。後頭葉は視覚処理に、頭頂葉は動き、位置認識、計算、ある種の認識に、側頭葉は音、発話、理解、ある種の記憶に、前頭葉は思考、概念形成、立案に関係している。もちろんこれ以上のもっと細かいマッピングはあるが、これ以上のことは今回のテーマに関係しない。しかし、いっそう正確な神経地図を作成していく一方で、脳神経生理学者は、より局所的な挙動には脳の比較的大きな領域における量的活動が必要であることも強調する。例えばある対象物の形、色、動きといったさまざまな様相が、最初はそれぞれ脳の違った場所に登録されるが、その後、別の場所で調整されて、実際にその対象物が意識的に認知されるのである。したがって脳全体の活動のなかでは、特定の領域は特定の役割に特化しているとはいえ、脳は生きた総体として働いているのである。

気分もまた脳に原因があると説明されている。劇的な例を示そう。外科医が難治性てんかん発作の病巣を探そうとして患者の左脳の特定の場所に、きわめて微弱な電流を流す。患者には意識があった。患者の大脳皮質の特定の部位を刺激が通過すると、患者は笑い始めた。そこで外科医は何がそんなに面白かったのかと患者に尋ねたが、その患者は答えられなかった。外科医は再び電流を流した。すると今度は、患者は突然、壁にかかっている何でもない馬の絵のなかに何かこっけいなものを見た、と言いだした（フリード Fried 1988, 650）。したがって脳のなかには、刺激されると愉快な意識状態になるような部位があるということになる。

それでは、脳は宗教体験という意識の瞬間をどのように作りだすのだろうか。これについてはいくつかの道筋が考えられる。

一つは、薬物が脳の化学的性質を変えるという事実である。明白な事例がたくさんある。現在、イギリスおよび北アメリカの多くの学校で六歳から十六歳までの子どもの行動をみると、かなりの数の子どもが、ときにはおとなしくしているものの、ときには手に負えなくなるという。その割合はおそらくこの年齢の子どもの五％から一〇％であろう。注意欠陥障害（ＡＤＤ）、注意欠陥多動性障害（ＡＤＨＤ）といった病名は、こうした行動障害のために作られたものである。こうした子どもを沈静にする医療処方薬にリタリン（メチルフェニデート）があって、この薬は子どもの注意力を高め、学校の勉強からそんなに簡単には気が散らないようにしてくれる。これは化学薬品が直接に心の状態に影響し、ひいては行動にも影響を及ぼすという明確な事例である。また別の例であるが、何百万という人びとが脳内のセロトニン不足によって引き起こされる鬱《うつ》状態を解消するために、あるいは緩和するために、ヴァリウム（精神安定剤）を飲んでいる。一般に使用されている「レクリエーション」ドラッグは、一時的に何もかも忘れて幸福感に浸ることのできる状態、つまり「ハイ」の状態にしてくれる薬物である。大麻使用者によると、仲間うちで大麻を使用した場合、個人的な心配事は霧散して、暖かい相互の愛情に取って代えられるという。しかし大麻は長期的に見て、すべての使用者に対して、あるいは一部のとくに脆弱な性質の使用者に対して、脳に害を与えるのではないかという重要な疑問については、まだ研究者からの結論は出されていない。さらにもっと強力な薬物であるエクスタシー（メチレン・ジオキシ・メタ・アンフェタミン、ＭＤＭＡ）やコカインの場合は、長期間にわたる生理的な悪影響があることは十分に確認されている（例えばオースティン Austin 1999, 424 を参照）。（同様に、過度のアルコール摂取は肝臓に、ニコチン摂取は肺に、悪影響がある。）

十九世紀には多くの科学者や哲学者が亜酸化窒素（N_2O、笑気ガス）の実験をした。ウィリアム・

ジェームズは自ら亜酸化窒素を吸引したときの体験をもとに、有名な報告を残した。このガスは次のようにしてくれるという。

神秘的な意識がとてつもなくかき立てられる。吸った人は、どんどん深い真実が明かされていくような気分になる。しかしこの真実は、まさに手に入った瞬間に消え去る、あるいは逃げ去る。そしてその真実を表現すると思われる言葉がいくらか残ったとしても、それはまったく無意味な言葉であったことがわかる。それにもかかわらず、そこに深い意味があったという感覚は消え失せない（ジェームズ James 1979, 373）。

別の機会に得た体験の詳細な記録のなかで、ジェームズは陶酔のあいだに猛烈な勢いで何枚となく言葉を書き綴ったと述べている。「その内容は頭が正常な者には無意味なたわごとと思える。ところが文字を書いているあいだは、果てしない理性の炎のなかに渾然一体となっていたのである」（オースティンによるジェームズからの引用 Austin 1999, 408）。ほかにもガス化学薬品による事例がある。二酸化炭素（CO_2）による事例であるが、二酸化炭素は一時的に脳の状態を変えて、「宗教」体験のかたちを生みだす。とはいえ、こうした事例で私たちにわかることは、妄想である。

しかし、せまく限定された治療目的を除いて、宗教体験に直接関連している薬物による認識作用と情動的効果に関しての、公表された研究のほとんどは、アメリカとヨーロッパで薬物の使用が違法とされる以前の、一九五〇年代と六〇年代のものである。研究の初期にはチャールズ・タートのような著名な心理学者たち、オルダス・ハックスレー、ロザリンド・ヘイウッド、レイモンド・モーティマーを含む社会的に影響力をもった作家たち、神秘主義の権威R・C・ゼーナー、世界宗教の権威レイ・ジョーダン、そのほか大勢の人びとがこうした薬物を使った自分自身の体験を報告し、あるいは他人による報告を注意深く議論した。

例えば、レイ・ジョーダンはLSD（二五—五〇マイクログラムという微量投与で効果が現れる）を使って実験し、そのときの体験内容を次のように描出している。

まったく文字どおりに何もかもが、経験の対象となるすべてのものが、まさに自分自身にはかならないことを実感した——普段から自分であるとわかっているものも、自分でないとわかっているもの（人びと、物体、大空、大地など）も——すべてが自分自身なのである。この「自分」、つまりすべてであるこの自分は、自我のことではない。私レイ・ジョーダンがすべてなのではなく、もっと根源的な自分が、レイ・ジョーダンを含めて、すべてなのである。

これとは別であるが、関連する体験を見てみよう。「「私」と「他人」とは相関的に存在することになった。両者のどちらも切り離されることはなく、両者のいずれもが互いに依存しあい、互いに影響しあう」（ジョーダン Jordan 1972, 284-285）。初めの部分の記述は不二一元論的なヒンドゥー教徒の体験に対応し、あとの部分の記述は何らかの仏教徒の体験の側面に対応している。こうした事例のすべてに共通することは自我超越であり、偉大なる世界宗教のすべてに何らかのかたちで基本となっているものである。

もう少し厳密で科学的な証拠に立ち戻るため、一九六〇年代のハンス・コーンヒューバーとルダー・ディークの研究を追いかけていくと、一九七〇年代初期に話題となったベンジャミン・リベットの実験がこれに関連してくる。リベットは手首を軽く打つ単純動作を被験者におこなわせて、その瞬間を被験者が任意に選ぶ実験をおこなった。このとき被験者は文字盤の上を急速に動く針を見て、いつ手首を打つのかを意識し、決断する。その結果、運動準備電位によって知ることができる脳の活動のなかには、意識的に決断が下されるよりも、およそ〇・五秒（平均では〇・五五秒）早く生じるものがあるということがわかった。明らかにこれは脳の活動が意識的な決断の原因となること、そのため脳の活動に随伴する現象が遅れることを示すものである。これについては、ここで意見を述べることは差し控えて、次の二章で再び取りあげることにしたい。

神と大脳辺縁系

このタイトルはラマチャンドランの興味深い著書『脳のなかの幽霊』に出てくる章のタイトルである。大脳辺縁系は脳の大きな領域を構成している。その大脳辺縁系のなかにある、側頭葉によるてんかん発作で、生々しい幻覚を体験する患者のいることが以前から知られていた。声が聞こえたり、幻を見たり、ときには宗教的な幻覚も生じるという。ニューロン（神経細胞）領域の無秩序な興奮がある点にまで広がると、筋肉のけいれん収縮を起こしながら患者は地面に倒れる。けいれん大発作である。しかし、てんかん発作は脳のなかではより局所的であり、しかも強烈な情動反射を起こすことが多い。情動反応の本質は上機嫌、恍惚、激怒、恐怖、落胆といった広範囲な情動のどれかである。

もっとも注目すべきは、神が現前する感じや神と直接に交感しているという感覚を含めて、霊的な体験に深く感動した患者たちの例である。身辺にあるすべてのものが宇宙的意義に満ちている。患者たちは「何がどうなっているのかやっとわかった。生涯待ちわびていたのがこの瞬間だ。あっという間にすべてが納得できた」あるいは「これで宇宙の正しい本質が理解できた」という（ラマチャンドラン Ramachandran 1998, 179）。

ある研究者は患者の話を次のように報告している。「発作は脱離感、言い知れぬ充実感、達成感などである。また、知識の源泉とも思える眩い光が見えたり、ときにはイエス・キリストに似たひげを生やした若い男が見えたりすることもあるという」（ニューベルグとダキリによる引用 Newberg and d'Aquili, 2001, 444）。つまりキリスト教の絵画で伝統的に想像されてきたイエス・キリストの姿であるが、歴史上の個人がどのような顔立ちであったかは、だれにもわからないことである。

　しかしマイケル・パーシンガー博士は、次のように述べている。てんかん発作がまったくなくても、この領域を刺激することで「通常は人の気配を感じるという。あるときストロボライトの点滅を試みたところ、被験者はストロボライトのなかに実際にキリストを見たという。自分のところに神が近寄って来たと言う人もいた。その被験者の脳波を見たところ、この体験のまさにその時、側頭葉全体に典型的なスパイク波とゆっくりとした波の発作が見られた」（パーシンガー Persinger 1995）。したがって側頭葉の刺激によって神の臨在感が生みだされる人もいるように思われる。パーシンガーは脳のこの領域に刺激を与えるためのヘルメット（経頭蓋磁気刺激、ＴＭＳ）を開発した。また、リタ・カーターは次のように報告している。「このヘルメットを使った人のほぼ全員が人の気配を感じ、その多くが聖女マリアやイエスといった宗教的な幻影を見たといっている」（カーター Carter 2002, 288）。さらにカーターは「このような感情の突発は酸素不足やブドウ糖不足によっても（すなわち脳が疲れきっていたり、精神的衝撃があったりしたとき）、あるいは極度の心配事が急に解放感に取って代えられたときにも引き起こされるだろう」という。このことは人びとが危機にさいしてなぜ「神と出会う」ことが多いのかということの説明になるだろう（同書）。

　こうしたことのすべては、側頭葉におけるてんかん発作が強烈な幻覚を生じさせた、あるいはイエスが洗礼を受けたときに次のような幻覚と幻聴を見聞きさせたという重大な宗教体験の説明にもなるだろう。「イエスは自分の上に神の霊が鳩のように舞い降りて来るのをご覧になった。そのとき「これはわたしの愛する子、わたしの心に適う者である」という声が天から聞こえてきた」(マタイ、三章一六―一七節)。あるいは聖パウロがダマスコの道で体験した内容の説明にもなる。パウロは眩い光を見て「地に倒れ「サウル、サウル、なぜわたしを迫害するのか」と呼びかける声を聞いた。……「わたしはあなたが迫害しているイエスである」という答えがあった」(使徒行伝、九章三―五節)。あるいは聖テレサ、ノリッジのジュリアン、その他大勢の神秘家の幻影や幻聴の説明にもなるだろう。さらに「こうした数々の診断から、次のような示唆も得られるだろう。例えば預言者ムハンマドは神秘的な出来事のあいだに声を聞き、姿を見て、どっと汗をかいたというが、おそらくムハンマドは複合的な部分発作をわずらったのであろう」(ニューベルグとダキリ Newberg and d'Aquili 2001, 111)。そこで、神とか、生きることの宗教的意義は、脳の部分的異常の産物なのだろうかという疑問が生じる。

瞑想と脳

別の種類の宗教体験も脳神経生理学者によって研究されている。そうした体験の一つに、瞑想中の自己超越の感覚がある。ニューベルグは八人の傑出したチベット仏教僧を対象として[2]、彼らが深い瞑想に入っているときに、脳の活動をSPECT(単光子放出コンピュータ断層撮影)で観察するという実験をおこなった。このSPECTは血液中に注入した放射性トレーサーの位置を検知するものであるが、そうすることにより血液供給量がどのように増加したり減少したりするのかがわかり、したがってまた脳のさまざまな領域における活動量の増減を示す酸素量がわかるのである。その結果、チベット僧が瞑想しているあいだに、注意集中をつかさどる前頭葉で脳の活動量が増大した。同時に不安と恐れの神経中枢である扁桃体（脳の辺縁系の内部にある）が不活性になった。瞑想中の僧は穏やかで静かでストレスのない状態にあったのである。

あるレベルに到達したときの瞑想に共通な側面は、自分が一人で存在するのではなく、身辺の物理的環境を包み込み、同時にこれを超越するような、より大きな実在の統合的な一部分だという感覚である。ニューベルグとダキリは、この感覚は神経が原因であることを発見したと信じている。脳の後ろ側の上部は後上部頭頂葉であって、空間内の方向感覚をつかさどる。「この重要な機能を働かせるためには、まず自分自身の身体的制約に関する明確な認識が働かなくてはならない。……個体である自分とそれ以外のすべてのものとのあいだに厳密な区別がつけられなくてはならない」（ニューベルグとダキリ Newberg and d'Aquili 2001, 5）。チベット僧の瞑想が「ハイ」に達したところで、脳のこの領域における活動が明瞭に低下した。ニューベルグの示唆によると、「高次元の意識」状態のなかで、この空間位置認識の領域は連絡が絶たれ、極度に呼吸に集中することで通常おこなわれている感覚情報の取り込みが抑止されるのだろうという。そして次のように問う。

位置認識領域は、自我と外部世界とのあいだに境界線を引き損なうことで、そうした区別が存在しないと解釈するのだろうか。この場合、おそらく脳は否応なしに、心が捉えたあらゆる人や物と、際限なく、また緊密に、自我が織り合わさっていくのを覚知するのであろう。そして、このときに覚知した内容を完全に、また疑いの余地なく、現実であると感じるのであろう（同書、6）。

カーターは次のようにまとめている。「瞑想において……アテンション・メカニズム（注意機構）は残っているが、そのメカニズムの向かう先に何もなければ、そのメカニズムそのものの働き――そう言いたければ――に向かう。言い換えれば「純粋意識」とは、正しくは何もないもの（無）を意識することではなく、意識を意識すること――脳が脳自体に聞くこと――をいう」（カーター Carter 2002, 288）。

この「自己超越」効果は、ニューベルグによると、さまざまなレベルで生じる。

低レベルの遮断からは、例えば感動的な宗教礼拝に参列して祈る人びとに共有される統合感や共通の霊感のような、緩やかな一体感が得られる。レベルが連続的に上がるにつれて、霊的畏敬と歓喜の感情を特徴とする強力な一体化の状態がますます高まっていく。ここで長々とした厳格な儀式がおこなわれると、恍惚状態や眩いばかりの幻覚を特徴とする昏睡状態が起きることもある。連続的なレベルがもっとも進んだところ、つまり求心路遮断がもっとも進んだところでは、神秘家たちが書き残してくれた霊的合一の深遠な状態が見られる（同書、116）。

同じような手法を用いて、ニューベルグとダキリは何人かのフランシスコ会派の修道女が祈りを捧げているときの様子を観察し、同様の脳神経学的な変化を記録した。しかし修道女たちにはまったく異なる意識状態が現れた。

修道女たちは、祈りの時を、神の近くにいる、神と共にいる、という具体的な感覚として描出する傾向があった。修道女たちの説明は、昔のキリスト教神秘家たちによる説明をそのまま繰り返すものであった。例えば十三世紀のフランシスコ会派の修道女フォリーノのアンジェラによる説明はこうだった。「この霊的合一を達成した者の幸せはいかに大きいことでしょう。私は神を十分に我がものとさせていただきましたので、もはや以前のような普通の状態には戻れず、神と一つになった平安を見出すように導かれて、何ごとにも満足するようになりました」（同書、7）。

これと似たような体験談はキリスト教徒、イスラム教徒、ヒンドゥー教徒の神秘家たちからも数多く寄せられている。

宗教体験について、もっとわかりやすく自然主義的説明をするために、さらなる仮説を立てることができる。

神なり、天使なり、悪魔なりの臨在感覚に関してパーシンガーは、その臨在感覚は次のような場合に生じるのではないかと示唆している。「非対称的な側頭葉の活動過剰によって自己感覚が二分されるような場合に、つまり脳の左右の半球の各々に対して双子の自己感覚のどちらか一方が生じるように自己感覚が二分されるような場合に、臨在感覚が生じる。そこで支配的な（通常は左）半球の自己感覚が、反対側の自己感覚を外側でうろつく「他者」であると解釈するのだ」（カーター Carter 2002, 290）。この他者は、善か悪か、神か悪魔かのいずれにもなりうる。パーシンガーは、右半球の刺激は不安や恐れの感覚をともなうが、左半球の刺激はこの感覚を抑制する。そのために慈愛深い何者かが存在することになると示唆する。パーシンガーは、臨在感覚は脳の左半球の一部にあり、これに対応する右半球の部分は別個の実体として意識されているのだと言う。

さまざまな仮説を一まとめにして、リタ・カーターは宗教体験についての脳神経生理学的な説明を、次のようにわかりやすく要約している。

神秘的あるいは霊的体験の核心的な性質に対しては、それぞれもっともらしい機構的な説明があるように思われる。大まかに言うと、「純粋意識」が現われるのは知覚が空になって緊張が維持されるときである。「一体性」がつくられるのは自我による「境界作り」の働きが停止されるときである。恍惚状態は右側の扁桃体をオフにすることで生じる。臨在感覚は自我システムを二分することで形成される（カーター Carter 2002, 290）。

宗教体験に対する脳神経科学からの挑戦は、以下のように列挙することができるだろう。あとでわかるように、これらは互いに競合している。

1. 「パーシンガーのヘルメット」によるてんかん発作と前頭葉刺激は宗教的幻視の原因となる。
2. 向精神薬はさまざまなかたちの宗教体験をもたらす。
3. 「純粋意識」、空、無、空性（シューニヤター）の意識は、知覚から取り込むすべての入力を切断したあとにも残存する意識が原因で生じる。
4. すべての実在との一体感は、個人の身体的な境界意識を遮断することで生じる。
5. 神の存在あるいはそのほかの超自然的な存在の感覚は、「自我システム」を二分して一方が他方を別の実体と見るときに生じる。

以上は、すべて自然主義的哲学に則って宗教体験がもっぱら自然のプロセスによって生じるものであり――ときには確かに恩寵が加わることがあるとしても――もっぱら妄想であると主張する重大な論拠である。

二章　心と脳は同じものか

神経生理学者の多くは、脳のきわめて特殊な分野の研究に携わっているが、脳と意識の関係といった哲学的な問題に、とくに興味があるわけではない。というのも、神経生理学者にとっては意識が脳の働きと同じであろうと、脳の働きに原因があろうと、あるいは脳の働きと相関するだけであろうと、実際問題としては何の違いもないからである。ところが、この基本的な問題に関わっている者には、簡単な問題と難解な問題との区別がある。簡単な問題というのは、原理上簡単ということであって、だれかが意識的に感じたり、考えたり、意図したり、何らかの感情を体験したり、芸術作品を制作したりするときなどに、脳のなかにはどのようなことが生じているのかを正確にたどることである。難解な問題というのは、意識とは具体的には何のことであり、また脳の働きによって——意識は脳の働きによって生じるものと一般に考えられているのだから、意識は脳の働きによって——どのように生じるのかを突き止めることである。スティーブン・ローズは、これが「科学にとって最後の未踏領域」であると言う（ローズ Rose 1999, 1）。物理科学にとっては、意識を物質構成や脳の働きに還元する種々の可能な方法をとって探ってみることは、きわめて適切なやり方である。しかしこの試みは失敗に終わるという可能性は常にあり、これを払拭することはできない。最新の著書のなかでスティーブン・ローズは、この「最後の未踏領域」を幻であると見ているようである。そしてそのような新たな立場をとると、次のようになると述べている。

心脳関係に関するもっとも単純でもっとも共通した二つの脳神経科学的な見解を放棄することになる。たとえそうすることによって、心脳関係について最初期に支持した見解（例えばローズ Rose 1973 の著作）を、良くてあまりにも素朴にすぎた、悪くすると単なる間違いでしかなかったと認めざるをえなくなるとしても、である。脳神経科学者たちはもちろん哲学者ではないが、私の分野で立てられている暗黙の想定はかなり粗雑なものである。つまり心は脳の産物に「他ならない」か、それとも「心の言語」は常識心理学と蔑称されているものの原型であるかのいずれかであるといった具合に、である。したがって科学の話題からはもう取り下げる時期が来ている（ローズ Rose 2005, 88）。

ローズは「こうした過度の単純化は超えなければならない」と提言する（同書）。しかし、これはあとで見るように、ローズが唯物論を放棄したことを意味するものではない。

問題点の整理

ここで問うべき問題点を整理しておくことは有益であろう。そうすれば本章およびこれに続く三章において追及されるべき議論の見取り図として役立つように思われるからである。

第一に、意識は脳の活動と同じものだろうか。意識はカーターの言葉で言えば「脳の何かしら特殊な物理的状態ないしは過程」なのだろうか。これは「心の哲学」の絶頂期に、唯物論のセントラル・ドグマとして知られていた心脳同一論である。けれども、これはまったく受け入れられない、と私は言いたい。

もしそうならば、多くの自然主義者が傾倒した随伴現象説（意識は脳活動の一時的で非物理的なものとする説）は受け入れられるのか。随伴現象説は受け入れられない、と私は言いたい。

もしそうならば、意識は自由意志において作用するところの、何らかの執行力を持つのだろうか。執行力を持つ、と私は言いたい。

もしそうならば、非物理的な精神過程は脳機能の電気化学的過程と同じくらい実在的であることになる。これは宗教でいうゴッド（神）、ブラフマン（梵）、ダルマカーヤ（仏身）、タオ（道）のような非物理的な実体が存在するという可能性を残しておくことになる。

しかし、以上の疑問のどれを取り上げても、ここに短くまとめたものよりは、実際のところ、もっと複雑である。また検討し始めると、ほかにもたくさんの副次的な問題が出てくる。そこで以下では、とくに創発性、複雑化、二重性質、機能主義などの、さらなる思考に対処することにする。

「相関関係」即「同一」とすることの誤り

心脳同一論は、意識は単純に脳神経活動であり、脳の電気化学作用に他ならない、とする理論である。つまり、ある特定の意識的思考の出来事と、同時に脳のなかで起きている特定の電気化学的な過程とは、一方が物理的で他方は非物理的というような異なる二つの過程ではなく、どちらも区別のつかない同一の物理的な出来事である、とする。これが心のあり方に関する唯物論的な説明であり、それは頭のなかの灰色質における一連の、一過的な放電と化学変化である、としている。

この立場は、意識上の出来事に関連する神経の相関は高精度の計測器を使えばたどることができるという事実によって有望視されている。実際に今日、ほかのことでは意見の違いがあるとしても、意識上に生じる変化については、それに対応する変化が脳内のどこかで生じているものと了解されている。このことは宗教体験だけでなく、ほかのどのような体験にも当てはまる。チベット僧の深い瞑想は呼吸に集中することで、心のなかから日常の雑念を放下《ほうげ》することを目指しているが、これについてニューベルグがおこなった脳波の測定では、前頭葉の「注意領域」における活動量が増加するなどのことがわかった。一章で見たような推測を重ねることなく、観察された相関関係だけを頼りにする限り、確実な共通基盤にとどまることができる。ところが文献の多くに見られる誤りは、「相関関係」を即ち「同一」の意味にとってしまうことである。というのも、意識と脳が相関関係にあるという証言は大量にあるものの、これがどれほど膨大であっても、この蓄積をもって意識と脳とが同じものだとする証明になるとするなら、それは単純な論理的間違いになる。スティーブン・ローズが言うように、「相関関係は原因であるとはいえない」ことは明らかである（ローズ Rose 2005, 238）。

論点を先取りすることの誤り

一章では、ニューベルグやラマチャンドランのような脳神経科学者たちが、一般に容認されている共通基盤を超えて、推測をどのようにおこなっているかを大いなる興味をもって概観した。心を研究対象とする多くの現代哲学者も同様である。こうした研究者には、被験者の内観に関する証言を無視することが重要とされている。なぜなら、内観において私たちが直接に自覚する意識の流れと、そのときに脳内で生じる計測可能な物理的変化とは、本性上、異なるように思えるからである。ところが、私たちすべての通常の体験へのこの訴えは、「日常言語の初歩的な心理学的分類」として退けられる（チャーチランド Churchland 1988, 178）。このことについてチャーチランドは「常識心理学が人間の自己理解の歴史的発展における一段階以上のものを表している、というふうには期待することはできない。というのも、脳神経科学の助けによってこの段階は乗り越えられるからである」と述べている（同書、144）。

これを発展させて、チャーチランドは内観からの論証（私は「内観の証言からの論証」と言いたい）に関して、次のように述べている。

> しかしこの論証は大いに疑わしい。私たちの内観ないし内省の能力が物事のありようをそのもっとも奥深い本性において明らかにすると想定されているが、この想定は疑わしい。というのは、私たちのほか観察形態――例えば視覚、聴覚、触覚など――はそのようなことをしない、としているからである。リンゴの赤い表面は、特定の限られた波長の光子を反射する分子の集まりであるように目に見えるのではなく、そのままのものである。フルートの音色は、大気中でサイン曲線を描く圧縮波の連なりのように耳に聞こえるのではなく、そのままのものである。夏の大気の暑さは、何百万もの小さな分子の平均運動エネルギーとして肌に感じられるのではなく、そのままのものである。もしも人の痛みや希望や信仰が神経回路網における電気化学的な状態のように内観的に感じ取れないならば、それはただ内観の能力がそうした隠れた事項を探りだすために、ほか感覚と同様に、十分浸透していないだけのことである（同書、15）。

これは体系的な論点の先取りである。通常の内観体験では赤く色づいたリンゴが見える。つまり私たちが知覚する視覚視野には、リンゴと呼ぶ赤い色をした形のものが含まれているのである。視覚認識（触れるなら触覚認識、匂いを嗅ぐなら嗅覚認識、味わうなら味覚認識）はリンゴ内部の原子構造や化学構造について何も公言してくれない。そうした物性がわからなくても、クオリア（感覚質、すなわち意識野の内容）の特性が変わるわけではない。私たちは瞬間的にクオリアを直接意識するが、この意識は矯正できず、間違うこともない。クオリアは誤りを犯すことがないが、クオリアをもとにおこなう推論は誤りをしでかす可能性がある。したがって、物理的にみてリンゴの表面の赤みが（チャーチランドが適切に述べているように）特定の限定された波長の光子を反射した分子の集まりであるという事実は、いずれにせよ、内観を「大いに疑わしい」と見なしてはいないし、またチャーチランドが挙げた他の例についても、まったく同様のことがいえる。内観とは、私たちの意識内容、つまり視覚などのクオリアを自覚することであり、この内容は、私たちが現代物理学を知っていようといまいと、変わることがない。そのものに関する知識があれば、そのものを感じとる意識も内観できるのである。したがってチャーチランドの論証――意識内容の直接的自覚は信頼しがたい、というのは、意識内容の自覚は世界の現れ方に関する自覚であって、その現れ方の内部にある物理的、化学的構造を自覚するわけではないからであるとする論証――は、クオリアが神経活動と同じであろうと、関連しているだけであろうと、論点の先取りになっている。

チャーチランドは彼の著書の別の箇所でも同じような論点の先取りをおこなっている。私たちが色や匂いなどを認識するとき、脳はさまざまな感覚情報をどのように統合するのかについての説明を続ける箇所で、こう述べている。「このすべてから同一論者が有望視される。同一論者は感覚が適切な感覚経路における一組の刺激レベル（スパイク頻度）と、端的に言って、同一であると主張するからである」（同書、149）。ここにも誤った想定がみられる。意識的な感覚および感覚的なクオリアが、感覚を引き起こす神経上の出来事と同じものであると解することで、意識と脳活動が同じものであるのか、ないのか、という論点を先取りしている。このようなことは、高名な心の哲学者としては驚くべきことである。思うに、これはチャーチランドの強い教条的な自然主義によってのみ説明がつけられるものであろう。

心脳同一論

さて、真正面から心脳同一論に取り組もう。ほとんどの人にとって、心脳同一論は明らかに真実と思えるであろうが、実際は非常に難しい問題を抱え込んでいる。その根本的な問題は、たとえ脳の機能について、これ以上はできないというほどに完璧な説明が得られたとしても、脳が関与する実際の意識的経験の説明にはいたらない、ということである。トマス・ネーゲルが、一九七四年の有名な論文「コウモリであるとはどのようにあることか」のなかで論じたように、たとえコウモリの生体、生理、視覚によらず聴覚による位置確認等々について何もかもわかったとしても、コウモリに何らかの意識レベルがあると想定するならば、コウモリであるとはどのようにあることかについては、依然として不十分にしかわかっていないということになる。

要点は同一性の原理で表現するとわかりやすい。つまり「AとBが同じであるならば、両者の性質もまた同じでなければならない」とする表現である。ところが、脳の状態が空間の位置に特定できるのに対して、心の状態は空間の位置には特定できない。例えば痛いという感覚を意識するときは、刺すような痛み、鈍い痛み、うずくような痛み、ということになるであろうが、脳自体はどこにも鈍い痛みも、鋭い痛みもなく、うずき始めることもない。指にピンを刺したときに感じる痛みの意識の性質は、脳内で一連のニューロン（神経細胞）が興奮するときのような性質と同じではない。

脳についてのもっとも直接的な観察は一九五〇年代に始まったが、これは脳に外科手術が必要とされたためである。脳自体には痛みを感じる神経がないので、患者は手術中に目覚めている。そこで手術中の患者に質問して、大脳皮質のさまざまな部位を刺激したときに、意識に何が生じるかを述べてもらうことで、一度ならずきわめて興味深い実験が可能となった。脳神経外科の手術医が患者の脳をむきだしにした場面を想像するとよい。心に何が生じているかを患者に述べてもらいながら、医師は機器を用いて脳の電気的活動を記録し、患者の意識に付随して順次生じるニューロンの興奮をたどるのである。例えば患者が、手前に青い湖のある山の景色を心のなかで描いているとしよう。湖の向こうには松林があって、山のふもとのなだらかな坂のところまで生い茂り、緑の帯となって山をとり巻いている。医師は自分の目で見て、指で触れることのできる患者の灰白質のなかで生じている電気化学的活動を、機器を用いて監視している。そのような脳の電気化学的活動が文字どおり患者の意識内容を形成している、視覚化された山の景色であると述べることに本当に、意味があるだろうか。真偽はともかく、脳の活動が意識的な体験の原因となると述べることには意味がある。また、真偽はともかく、この脳の活動がなければ意識的な体験はありえないだろうと、述べることにも意味がある。しかし脳の活動が文字どおりに患者の意識を占めている視覚化された景色と同一であると述べることに意味があるだろうか。私には、それは直感に反する不合理の極みとしか思えない。哲学者のジョナサン・ロウと同じく、「私には、心の状態は物理的状態にほかならないとする主張が、まったく理解可能なものであるとは思えない」（ロウ Lowe 1999, 235）。

さらに言っておかなければならないことがある。明らかに異なる二つのものが別々の性質を示しているにもかかわらず、時には同一のものでありうるということが哲学議論の場において明らかにされた。この二つのものは異なる用語で表現されたり、あるいはおそらく私たちには異なる関係で捉えられたりすることがある。明けの明星と宵の明星が同じもの、すなわち金星であることがその好例である。また、日常の言葉で空の稲光りと言えば、何を指して言っているのかはだれにでもわかる。ところが、その同じ現象を物理学者が表現すると「雲を形成する大量の、わずかに荷電した水滴ないしは氷粒の動きにより生起し集積した大容量の電荷の急激な放電」ということになる。したがって、表現がまったく異なっていても、あるいはまったく異なる用語が使われていても、稲光りと静電気の放電とは実際には同じことなのである。

これは脳と意識の同一性を納得させるのに役立つであろうか。実は役立たないのである。明けの明星と宵の明星、稲光りと雲によって生じた電気放電などのように、どちらも明らかに物理的であるような二つのものの例を取り上げて説明するとき、私たちは論点を先取りしているのである。問題は二つの物理的な現象が同じであるかどうかではなく、物理的な現象と心の現象とが同じかどうかである。稲光りの例でいうならば、類例として挙げるべき第二項は電気放電ではなく、意識上で閃光がどのように捉えられているのかということである。問題は意識上の出来事そのものが物理的な出来事であるのかどうかということなのである。

しかしこの閃光体験は、一方のレベルでは主として後頭葉で生じるニューロンの興奮として、他方のレベルでは閃光を見るという意識的感覚として、記述することはできないのであろうか。できるとすれば、ニューロンの興奮と意識的体験とは、異なる目的のために異なる言葉で記述された同一の事項であるといえるだろう。しかし答えは「否」である。問題は、意識的体験と脳内の物理的出来事とが相関ではなく、同一のものであるということを、どのようにして言いきることができるかということである。もし相関関係が同一性を構成すると想定するなら、それは論点を先取りした誤りを犯すことになる。両者が同一であるという信念は実験的に確立された事実でも、論理的に説得力をもった論証でもない。それは自然主義的な信仰の表明でしかない。

心脳同一論の明白な弱点は二重性質という考えによって隠されることがある。つまり脳内の出来事には物理的と心的という二つの異なる性質があり、両者を表述するためには別々の言語が必要だとする考えである。したがって神経生理学的言語と心理学的言語は、脳の働きという同じことに関しての二つの異なる方法なのであるが、注意を引くためにその異なる性質を選んでいるのである。

意識と脳の同一論が持つこの二つの言語形態は、今日広く支持されている。最近の例では、私たちが赤い色を見るときに生じる神経活動と、その色を見るときの意識的体験との間には種類の違いがあり、両者は明らかに同一ではないという議論に応えて、スティーブン・ローズは次のように述べている。

> 私が哲学音痴であるからかもしれないが、これが手におえない難問であるとは思ったことはない。視覚体系に十分な知識があるとすれば、原理上、また実際上、ある程度までは「赤色」が知覚されたときに活発に働くようになるニューロンを同定することができる（確かに動物実験ではそのようなニューロンがすでに同定されている）。神経活動のこのパターンは赤色を見ることに結びついている。そして赤色を見ることは、心の言語では現象と呼び、脳の言語ではその現象をニューロンの特定の組合せの活動と呼んでいる。このことは、特定の小さな四足の、毛で覆われた、哺乳動物を英語ではキャットと呼び、イタリア語ではガットと呼ぶという事実を理解することにも等しい。二つの言葉は互いに翻訳可能な言語のもとで、同じ対象を指しているのである。ここには何の問題もない（ローズ Rose 2005, 215–216）。

これこそ哲学音痴の症状を呈するものではないだろうか。問題は赤色の意識的体験がニューロンの関連する現象と同じかどうかということであるのに、これを西洋の異なる二つの言語では同一の物理的対象を別様に呼ぶというような、本来的に問題のない事例になぞらえることは、端的に言って、またもや論点の先取りである。問題は、あくまでも意識における出来事が脳内で生じる電気化学的な出来事と同じ物理現象であるのかないのか、ということなのである。

　機能主義者の理論はさらにあいまいである。というか、機能主義の形態にはいろいろあって、同一性へと導くもの、一元論と二元論とのあいだで中立の立場にとどまるものなど、さまざまである。同一性へと導くほうの機能主義は、意識状態は心の特性で検討するのではなく、生命体の行動のなかで果たす役割で検討すべきであると主張する。これは、心の特定の状態とニューロンの特定の出来事を同一であるとするのではなく、むしろ変化してやまない心のあり方が、計り知れないほど複雑で変化してやまない脳のあり方と同一である、と主張している。この同一性は機能主義的な側面から理解されるべきである。例えば手の痛点を活性化する熱などの感覚入力は、脳の構造の特定領域に働きかけて、急に手を引っ込めるといった行動を生みだす。そして、この過程には痛みの感覚という心の状態が含まれている。心の状態は原因として働いたのではなく、身体に生じた出来事の全体に対する付随現象なのである。しかしこうした示唆は、意識とは何かということを明らかにするものではない。意識が存在することを伝えるだけであって、それは私たちがすでに承知していることである。

これとは対照的に、二元論的なほうの機能主義は入力と出力の全過程において意識に原因として働く役割を認めており、そのため心身二元論の形態になっている。これについては次の章で扱い、現段階では同一論についてだけ検討する。

ここで、あまり注目されることのない論点について触れておこう。同一論は純粋に科学的な仮説であるかどうかという疑問である。今日、多くの者がカール・ポパーの次のような学説を受け入れている。つまり大規模な科学的仮説というものは、もしそれが真であるなら絶対に検証されないが、もし偽であるなら、少なくとも原理上は偽であると決定的に反証されうる、というものである。ところが心脳同一論が偽であるとした場合、通常科学の範囲ではこれを偽であると決定的に反証するための観測手段も実験手段もない。したがって心脳同一論は科学的な仮説でないことになる。同じ対象物ないし出来事でありながら違ったふうに記述された二つの明らかに異なる物理的対象物ないし出来事の例から、脳と意識は同じしかたで関連しているという考えのほうに移行する場合、科学的仮説から、原理上、反証可能な理論へと移行したのである。金星が夜明けに東の空に現れ、宵には西の空に現れるということは、もしそれが偽であるなら——例えば金星の動きを追跡する観測衛星を打ちあげることによって、それが偽であると言えたなら——経験的に反証されたことになるだろう。同様に、稲光りが放電であることは、静電気の活動が生じなかったことを確かめることで、経験的に反証することができるだろう。しかし電気化学的な出来事と意識の瞬間とが同じものであるということは、もしそれが偽であるなら、反証可能であるとするような方法は何一つない。つまりは、同一論は自然主義哲学を前提にして生まれた理論であって、偽であるならば、その反証性を構成する要素が何であるかを考えることのできるような科学的仮説ではないのである[1]。

心脳同一論を反証することのできる唯一の方法は、パラサイコロジー（超心理学）を純正な科学として認めることであろう[2]。というのは、心脳同一論と相容れないテレパシー（超感受的知覚）や体外遊離体験などが認証されることになるかもしれないという見通しが立つからである。しかし唯物論者にとっては、こうした領域の研究を実証的な学問として認めるわけにはいかないというディレンマが残る。

意識の神秘性

心脳同一論に強く傾倒している心の哲学者のなかには、あまり主張しすぎないよう慎重にしている人びとがいる。例えばポール・チャーチランドは「中心的な神秘性はほとんどが神秘性のままである。意識的な知性の本性がそうである」と述べている（チャーチランド Churchland 1988, 1. 傍点は原文のまま）。しかし心の哲学者の多くは中世の神学者とも相通じるような教条主義の立場から、意識は脳の活動と同じものであると確信している。これとは対照的に、この問題に注意の眼を向ける限りにおいて、脳神経科学者たちはそれほど教条主義的ではない。確かに現状では、意識の本性についてはまったく神秘のままであるというふうに広く受けとめられている。したがって、もしも意識がどのようなものであるかわからないのであれば、それが脳の電気化学的な働きであるということもわからないはずである。テレビで心脳同一論を擁護したことでよく知られているスーザン・グリーンフィールドでさえも、「私が論じる脳のなかのさざなみが意識を作っている」（グリーンフィールド Greenfield 1999, 217）と述べ、「どのくらいの莫大な数のニューロンが意識の創発的な性質を持っているのかについては、現段階では正確に記述することができない」ことを認めている（グリーンフィールド Greenfield 1999, 220）。実験結果について広く論議されたことで知られているカリフォルニア大学ロサンジェルス校のベンジャミン・リベットは、次のように述べている。「物理的な現象のカテゴリーと主観的な現象のカテゴリーとのあいだに説明のつかないギャップがある。……物理的に観察可能な世界（真であると認められる範囲において）の決定論的特性に基づいて主観的な意識の機能や出来事を説明することができるという想定は、思弁的な信念であって、科学的に証明された命題ではない」（リベット Libet 1999, 55–56）。先に引用したカリフォルニア大学サンディエゴ校の脳神経科学研究所のV・S・ラマチャンドランは、「二百年にも及ぶ研究にもかかわらず、人間の心に関するもっとも基本的な疑問にまだ答えきれていない。例えば意識とは何かという疑問は、真に大きな疑問として残されたままになっている」と述べている（ラマチャンドラン Ramachandran 1998, xvi）。また、科学に関するもっとも著名な作家の一人である、オックスフォードのロジャー・ペンローズは、次のように付言している。「意識的行動や意識的知覚、とりわけ理解に関する意識的現象などは、現在の物質的宇宙像においては適切な説明がつけられない。これまでの枠組みを押し広げて新たな物理的宇宙像に向かう必要がある」（ペンローズ Penrose 1999, 14）。ペンローズは、人間の脳も含めて、量子世界のミクロ物理学が観察可能な世界のマクロ物理学に融合するところで、この新たな物理的宇宙像が見出されるであろうと信じている。彼は次のような仮説を立てている。

〔脳の内部において〕集積的な（首尾一貫した）量子効果がもっともありそうな場所として捜し求めなければならないのは、ニューロンというよりは、細胞骨格のなかの微小管である。また、そうした量子の首尾一貫性を抜きにしては、新たなOR物理〔Objective Reduction 客観的還元物理〕のための十分な役割を見出せないだろう。また、このOR物理は科学の枠内での意識現象を包括するために必要とされる非算定的な前提条件を用意してくれるはずである（ペンローズ Penrose 1995, 406）。

しかし、この新たな物理学は将来に何ごとかが起こるかもしれないし、起こらないかもしれないという一つの希望である。そして、もし何ごとかが起こるとすれば、その何ごとかは意識の本性を解く鍵となってくれるだろう、という信念もまた同じく一つの希望である。ここで再びイギリスのオープン・ユニバーシティの脳と行動研究所の所長であるスティーブン・ローズに戻ると、彼は「意識の問題は脳神経科学だけでなく、心理学や哲学をも超えている」と結論している（ローズ

Rose 1999, 14）。そして最新の出版物のなかで、次のように付言している。

ちょっとした驚きである。新しい（脳神経科学の分野での）テクノロジーの途方もない力に目が眩みそうになる。脳神経科学者たちは最後の未踏領域すなわち意識そのものの本性を自分たちの占有物であると主張し始めた。この十年間に「意識」という言葉を表題に並べた、文字どおり何十冊という書物――もっぱら思弁的な書物――が現れた。……私はまだ懐疑的である。本文中には例の機械の中の幽霊が登場するのであるが、けっして劇的に新しい「意識の理論」を展開するものではない。事実、私は脳神経科学者として、なぜこのビッグC（Consciousness 意識）について発言しても大して役立つことはないと考えているのかを説明し、またなぜ何年も前にウィトゲンシュタインが述べたように、沈黙を保つほうがよいのかについて説明しようと思っているのである（ローズ Rose 2005, 4）。

ローズは唯物論者として、ライルのあの否定的な文句である「機械の中の幽霊」を呼び覚ますことに抵抗できないのではあるが、脳神経科学にとっては、意識の本性はまったくの神秘であることを正直に認めている。そして最後に、アイオワ大学医学部の脳神経学科長であるアントニオ・ダマシオまでもがこう言っている。「もしも心を解明することが生命科学の最後の未踏領域であるならば、意識は心の解明における最後の神秘であるように思われる。解決は不可能であると見なす者もいる。……今のところ、神経生物学的な説明は不完全で、説明にはギャップがある」（ダマシオ Damasio 1999, 14）。しかし、脳に関するよりいっそう完全な知識によっていつかは埋められるようなギャップ以上のものがきっとある。なぜなら神経回路網の働きに関する知識は、いくら完全であっても、相関関係を同一性には変えられないからである。実際にダマシオ自身、研究仲間とともに意識についての「生物学的論拠」（ダマシオ Damasio 1999, 11）や、「意識を支える神経構築」（同書、15）の研究はしているが、意識自体を研究対象にしてはいないことは明らかである。

したがって、現在の文化において広く想定されてはいても、心脳同一論はけっして科学的に確立された事実ではない。それは自然主義の信仰箇条の一項目に変わりがない。この信仰は、心の哲学者たち（現在の哲学のなかでもっとも活発な領域の一つ）による一途な研究に支えられている。ただし、彼らはこれまでにないほどの洗練された理論を生みだしてはいるが、そのなかで脳神経科学者たちの実証的研究の成果には言及しても、彼らが到達した結論、すなわち意識の本性は神秘であるという結論には目を伏せている。これほど多くの心の哲学者たちが脳神経科学の研究成果に最小限の関わりしか持っていないという事実は、スティーブン・ローズによっても指摘されている。ローズは「過去の世紀の大部分を通して、もっとも関与を深くした非二元論の哲学者たちでさえも、脳についてはただレトリカルな言及だけで満足しようとする傾向があった」と述べている（ローズ Rose 2005, 197）。このことは、マイケル・ロックウッドのように、歯に衣を着せない自然主義哲学者たち自身によっても認められている。

> 意識は脳の活動によると考える点で私は唯物論者であると自認している。とはいえ、脳の活動に関して物理学や生理学の言葉あるいは機能的規則や計算規則で表現されたいかなる記述も、意識についての特徴的なことは何も捉えられないということは私には明らかであるように思える。実に、現在、喧伝されている還元プログラムのすべてには欠点が目立ちすぎる。それで、現行の物理科学が現実を本質的なところで完全に理解しており、それゆえ還元主義者の提供によるものは何でも正しいはずだと信じる頑固な確信がないかぎり、哲学的な訓練を受けた者がこうしたプログラムを冷静に見て、そのどれかを真剣にしばらくの間でも取りあげることになるだろうなどと考えることは、この私にはとてもできない。その限りで、意識のまさにその存在が、私には現代の物理科学の説明に限度があるということの恒常的な実例であるように思えてならない（ロックウッド Lockwood 2003, 447）。

心脳同一論を維持することは大いに困難であることが証明されたので、多くの自然主義科学者や自然主義哲学者たちは、随伴現象説という包括的な名称の下に、心脳同一論を修正する方向に動いている。これについては次章で検討する。

三章　現在通用している自然主義の諸理論

随伴現象説

現代の心の哲学のなかでは、単純な心脳同一論はいまや大幅に後退して、創発的性質、二重性質、機能主義など、いっそう洗練された自然主義の諸理論に取って替えられている。こうした理論は、どれも意識が脳の働きによって生みだされた非物理的随伴現象であるとする随伴現象説の別形態である。しかしこの随伴現象説に基づく心脳同一論は、それ自体に因果的な効力があるわけではなく、それ自身が副産物である特定の神経症状が続いているあいだだけ存在する。大まかな比喩を用いると、電球は電気が通っているあいだは光を発するが、電流が止まれば光はなくなる。同様に、電気が脳のなかを通っているあいだは意識が生じるが、電流が止まれば意識はなくなるのである。そこで、心のあり方が意思的な効果を持たないようなかたちではあるが、脳と意識の二元論の修正型というかたちで、随伴現象説は心脳同一論から離れる。それは、心と脳という二つの要素が大いに異なる状況、すなわち脳は何らかのことをおこなうが、意識は脳がすることを単に反映するだけの状態にあるという二元論である。

リベットの実験

一九七〇年代にリベットがおこなった実験の一つを一章で紹介したが、これは明らかに随伴現象説を支持するものである。被験者は文字盤の上を動く針の位置をみて、単に手首を打つことだけが求められる。いつ手首を打つかは任意に選んだ時を意識が決定するのである。その結果、リベットは、手首を打つよりも約五〇〇ミリ秒前に脳の活動（運動準備電位）が生じることを発見した。これは意識的な決定が神経活動よりも遅れるという随伴現象的な反映であったことを示唆している。

意識が決定する前の〇・五秒という遅れは、何か別の方法で説明できないだろうか。実は、できるのである。心ははるかに意識以上のものである。意識は直接に知覚される心の一部であるが、それは「氷山のひとかけら」にすぎない。また無意識の過程も、それ自体が神経系との相関を持っているはずである。私たちが日常的におこなっている動きの多くは、慎重に決定されることなく、ほぼ自動的におこなわれる。いわば自動運転である。例えば歩いたり、多くの人がすることだが、話しながら自然に手を動かしたりすることなどである。こうした動きは意識的な熟慮によるものではない。しかし、それでも無意識のうちにどう動かすかを決めるための、事前の、短い時間が必要とされる。リベットの実験における手首を打つしぐさは、この無意識の事前計画の適例であろう。そのときの神経系の相関はリベットにより測定され、およそ〇・五秒とのことであった。

さらに、この特定の実験が単独でおこなわれるのではなく、ほか多くの作業がおこなわれているような状況のもとでなされると、よりいっそう興味深い因子が関わってくる。例えば実験中心の神経生理学者のあいだでは、「事前登録」要求の理論として、被験者の注意が到着時間の知覚に対して影響を与えるものかどうかということが、目下検討中である（例えばショーア他 Shore et al. 2001, 205 f）。これはリベット自身がおこなった別の研究の結果とも一致する。すなわち脳と手の両方に同時に刺激を与えたところ、どちらも同時のはずが、直接脳に与えた刺激よりも手の触感のほうが先に意識に現れた。言い換えると、なぜか意識には手からの信号のほうが時間的に先に現れた、というのである。さらに、リベットが大脳皮質のしかるべき部位を直接刺激したあとに、一瞬のあいだをおいて手に触ったところ、それでも手の刺激のほうが先に意識に現れた。ここでもまた、心には時間的に遅れて感じられるということがあるようだ。これについてリベットは、「精神神経同一性の理論にとって、これは重大ではあるが、克服できないほどの難問ではないように思われる」と述べている（リベット、ライト、ファインシュタイン、ピア Libet, Wright, Feinstein and Pear 1979, 364）。ジョン・エクルズはこう説明している。

意識がある人間の被験者の手に何らかの鋭い刺激を加えて引き起こした大脳皮質の活動は、意識に伝えるためのレベルに持ち上げるまでに〇・五秒という時間を要した。それでも被験者は、自分の体験ではこの刺激を先取りして、約〇・五秒前に届くはずの大脳皮質の末端からの信号の到達よりも先に、手に刺激を感受した。これは驚くべき出来事である。これを神経機構の操作によって説明しようとしても、とてもできるものではない。これは端的に、次のような仕方で説明しなくてはならないだろう。自意識的な心は、神経機構の反応が規模と動作に関して必要レベルに達したときに、その神経機構の反応を読みだして、周辺の出来事を認識するようになるのである（カール・ポパーとエクルズ Popper and Eccles 1977, 476）。

言い換えると、リベット、エクルズたちは、心には神経による刺激と感覚による刺激の順序を意識のなかで入れ替える能力があることを立証するものとして、その実験結果を解釈したのである。これは同一論や随伴現象説を支持するものではなく、心脳二元論のほうを支持するものであろう。しかし、他の者はこの解釈に異議を唱えている。二元論に反対の指導的哲学者ダニエル・デネットは、次のように述べている。「リベットの実験手順や実験結果の分析は厳しく批判されてきている。彼の実験は再現されたことがない。それが多くの場面においての「結果」無視につながる理由である」（デネット Dennett 1991, 256）。とはいえ、デネットは、たとえリベットの実験が受け入れられるとしても、これを非二元論的に解釈することは可能であるとして、複雑な議論を提案し続けている。

しかしそれとは別の実験結果は、現在のものよりもいっそう複雑な姿を呈している。身体の動きを意図的に方向づける心の働きについて、オースティンは次のように述べている。「例えば視覚空間的な仕事に注意を集中することに決めたとしよう。注意の集中に要する電気ポテンシャルが脳に届くまでには、八〇から一三〇ミリ秒という時間がかかるだろう」（オースティン Austin 1999, 279）[(1)]。このような場合、心の決定よりも前に脳の活動のほうが先に登録されることはないので、心の決定のほうがどの探知可能な神経の出来事よりも先に生じる。

神経生理学者たちはデータに異議を唱え、哲学者たちはそのデータの意味内容に異議を唱えているので、これまでのところ、この件に関する適切な結論には未解決の疑問符がつけられたままのようである。

社会的産物としての意識

フランクフルトのマックス・プランク脳研究所所長ヴォルフ・ジンガーは、「脳の環境のモデルと密接に関係する脳のセンサーからのまばらで多様な信号から脳が構成する」種々の様式というものを探った（ジンガー Singer 1998, 228）。しかしこれに加えてジンガーは、私たちは気づいていることに気づくことができる、ということに注目し、この自己認識が大脳新皮質で生じることを確認した。そこでジンガーは、「一次認識機能の根底にある計算は大脳新皮質のなかでおこなわれることから、メタの認識に通じる操作、つまり知覚していることを認識するという操作は、大脳皮質の働きによるものであると結論づけなければならない」と述べる（同書、232）。（「おこなわれる」を「よるものである」と同じと見るのは、哲学的にナイーブな同一視であることに注目されたい）。しかしジンガーは、次のことを付け加えておくべきだろう。神経認識過程についての理解がどれほど完全になろうと、「感覚や自覚を主観的で非物質的な現象として知覚することは、依然として未解決のまま残るだろう。自分が自由に行動する自我であるという経験をし、自分の感覚にどう対応し、どう反応するかを自分の力で決めているが、そうしたことがどのようにして生じるのかという疑問に対しては、いまのところ、まだ何の答えもでていないようだ」（同書、233）。というのも「ニューロンの特定の状態と、意識的であることの主観的体験とは、存在論的に異なるカテゴリーに属するし、また異なる記述体系のなかで定義されるものでもあるからだ」（同書、240）。しかし、これをもとにジンガーは脳と意識の二元論へと結論を下すようなことはしない。彼はそういうことも考えられることを承知の上で、意識の主観的現象が社会的産物であることを信じている。

社会的相互作用は、ほかならぬ人間の意識が生じるための必要条件だ、ということは重要な真実であるが、この事実自体は一元論と二元性のあいだにあって中立である。私たち人間レベルの意識が言語に結びついていることは明らかであり、言語は社会と文化に結びついている。このことは十九世紀にルードヴィヒ・フォイエルバッハと、さらにはカール・マルクスによって説かれたことである。『ドイツ・イデオロギー』（執筆は一八四五年から一八四六年であるが、出版は一九三二年だった）のなかで、マルクスは次のように述べている。

言語は意識と同じくらい古くからある。言語は他人のためにも存在する意識にほかならない。その理由だけで、私個人のためにも存在する。言語は意識と同様、他人との付き合いにとって必要であるから、不可欠であるからこそ存在するのである。……したがって、意識はそもそも社会的産物なのであり、人が存在する限りは、いずれにしても社会的産物であり続ける（マルクス Marx 1970, 51）。

その後、二十世紀のマルクス主義心理学者、L・ヴィゴツキが登場する。彼の著作はスターリン時代に一時発売禁止とされていたが、スターリン以後は広く影響力を発揮するようになった。ヴィゴツキは次のように述べている。

思想と言論は意識の本性を解く鍵であることがわかる。もし言語が意識自体と同じくらい古いものであるなら、また、もし言語が他人のための実用的意識であるなら、そして結果的に私自身のための意識であるなら、ただ一つの思想だけでなく、すべての意識が言葉の進歩と結びついていることになる。言葉は、ルードヴィヒ・フォイエルバッハが言ったように、私たちの意識のなかにあるモノである。このことは一人では絶対に成立不能であるが、二人いれば現実となる。言葉は意識の歴史的本性を直接に表現している（ヴィゴツキ Vygotsky 1986, 256）。

フリードリヒ・ニーチェは、おそらく他人から影響をまったく受けずに『喜ばしき知識』（一八八二年）のなかで同じ結論に達したのであろう。

同様に、ジンガーは次のように論じる。脳が別の脳の存在に気づき、またその別の脳が自分の脳に気づいていることに気づくという、相互コミュニケーションを通じて意識が生じる。

自己認識という現象——自分の独自性を体験すること、自分のことを、主観的感情を持つ自立した個人であると体験する可能性——は社会的連携の結果と見ることができる。それゆえに、また文化的進化の結果と見ることもできる。……そこで、意識に含まれている主観的な含意は心の哲学において厄介な問題を引き起こしているが、この含意が社会的実在の存在論的状況をともなうのである、と私は提言する。ここでいう社会的実在とは、脳同士のコミュニケーションを通じてのみ存在するようになる実在のことである。……脳の発達にともなって、私たちの世話に当たる人は徹底した対話を強制するが、その対話のなかで私たちは——私たちの脳は——自分自身を認識し、自分が他人と別の存在であることに気づくのであるが、こうした学習過程のあったことは覚えていない。……そこで結論として、自己認識という現象に関して不可解な側面には二つの原因がある、と私は提言したい。一つは、自己認識の社会的起源であり、もう一つは自己認識を獲得した過程の記憶喪失である（ジンガー Singer 1998, 242–243）。

またジンガーは、「自己認識およびクオリア（感覚質）の主観的な含意が二元論的な立場をとらなくても、脳の創発的性質として理解することができる」とも言う（同書、245）。この二つは社会、文化、歴史のなかにおける人間の連携によって生みだされる神経状態である。

しかし意識がその発展のために社会的コンテクストを要するという観察から、「意識に関する主観的な含意に……社会的実在の存在論的状況がある」（同書、242，傍点は筆者による）という結論へと進む推論の道筋は正しくない。ジンガーがこの結論に導かれたのは、自己認識および主観的に体験されたクオリアが「これまでの神経生物学的なアプローチでは到達できなかった範囲を超える」（同書、245）ということを受け入れておいて、その上で、意識に関する別の自然主義的な説明を求め、これを言語の社会的実在と社会的連携に見出すからである。しかし人間が社会的存在であることによって、人間の意識レベルはいまのようになりえたといい、また言語の発達と手を携えて発達してきたということは、意識が何らかの社会的連携の組み合わせと完全に同じである、ということを意味しない。意識を可能にした歴史的条件と意識そのものとは、正しくは、同一視することができないのである。

意識と進化

しかし、あらゆる随伴現象説の形式が要請するように、意識には因果的な力がないと想定すると、それでは意識は生命体の行動に何らの相違も与えないのであるから、全体的にみれば、余計な部分ということにはならないだろうか。その場合には、意識はどのような進化上の利点のためにも生起したことにはならない。行動上に何の相違も与えないで、ただ脳の活動を反映するだけのものとするなら、意識に生存価値はあるのだろうか。

神経生理学者のアントニオ・ダマシオは唯物論者であるが、クオリアについて、「そのうち神経生物学で説明されるだろう」（ダマシオ Damasio 1999, 9）と信じている。とはいえ、価値あるすべてのものに対する意識の必要性を認めて、これが進化の過程のなかのどのような部分において役割を果たすことができたのかと自問している。その一方で、ダマシオはこう指摘する。脳は無意識的に、また大いに効率よく、心臓、肺臓、腎臓、内分泌腺、免疫システムを連係統合して、生命体が食べ物を探し、危険を避け、つがいになり、それで自分の生物学的棲家のなかで生涯を終えることができるようにしている。このことは、ほか多くの種にも見られるような、いわゆるダマシオの言う、中核意識といわれるものを必要とするだけである。しかし創造性や文明化を可能にするものは、記憶や言語や知性を含んで、人類のなかに見られる、いわゆるダマシオの言う、拡張意識といわれるものである。そこでダマシオは「意識は心の到達範囲を拡張し、またそうすることで心をよりいっそう高めていくように生命体の生き方を改善することに役立つ。……意識はさまざまな工夫を凝らして、その基本設計からは予測できない環境からの挑戦に対し、個々の生命体がどのように対応すればよいのかという問題を扱う。それゆえ、生存のための基本的な諸条件が、なおも達成されていくのである」と言う（同書、303）。したがって意識には生存価値と進化価値とがあるといえる、と彼は結論する。

しかしダマシオが意識について「心の到達範囲を拡張することに役立つ」と言うとき、心の到達範囲という言葉を使って、物質的なものの範囲を越えようとしているのではないだろうか。ダマシオは心脳相関と心脳同一とのあいだの基本的な区別を暗に認めようとしているのではないだろうか。ダマシオは、自ら言っているように、意識の「生物学的基盤」（同書、11）を構成するために、「意識を支持する神経構築」（同書、15）である脳の活動を自分の研究のなかで確認する試みをしているにすぎないと自認している。「この強力スキャンを使って得たデータで武装すれば……心のなかのイメージの内容に関して注目すべき一連の相関が得られよう……あなたは私の体験と非常によい相関を示す体験をしているが、それは別の体験である。あなたが私の脳の活動を見つめるとき、私が見ているものをあなたが見るわけではない。私は自分が見ているものを見るが、あなたは私の脳の活動の一部を見ているのである」（同書、306、傍点は原文のまま）。これまでのところ、ダマシオは、意識に執行力があることを認めない随伴現象説論者であるようにみえる。それでもダマシオは、さらに議論を進めて、私たちは自分の取りうる行動パターンのうちから意識的に選択するという事態について語る。心の「イメージは、私たちがこれまでとった行動パターンのレパートリーのうちから選択することを許す」（同書、24）。そして私たちの行動は「目的に沿った事前検討と、心のなかでおこなうイメージ操作、および自由選択による計画」によって改善される（同書、24）。それゆえダマシオは、心はいくつか選択肢を検討して、ある一連の行動をほかのものから選びとる能力があるとしているようだ。その場合、意識は、少なくとも拡張された意識の場合は、執行力を持つことになる。ダマシオが意識に割り当てたこの役割、つまり可能な行動の範囲を検討して、そのなかから選択をするという役割を果たすためには、意識は脳の活動を反映する随伴現象以上のものでなければならない。

ほかにもこれと本質的に同じ趣旨で、進化過程における意識の生物学的価値を見出そうとするさまざまな試みがある。哲学者のチャーチランド夫妻ポールとパトリシアは、大きくて複雑な人間の脳の発達を、生存価値や繁殖価値を持つものとして、進化論的な言葉で説明することができると論じた。意識は、動物が環境に対してもっと適切に、もっと効率的に対応できるようにさせている、と見なすのである。ポール・チャーチランドは「脳は自然選択されて残った。なぜなら脳は繁殖という利点を授けたからであり、……脳が個体に対して自らの環境に期待するよう仕向けたからである」と言う（ポール・チャーチランド Churchland, Paul 1988, 76）。また、パトリシア・チャーチランドのほうは「ニューロンは適応運動という問題に対する進化の回答である」と述べている（パトリシア・チャーチランド Churchland, Patricia 1986, 14)。

しかし、これは環境に対してさまざまな方法で対応できる複雑な脳の発達の説明であって、もしも意識が行動を引き起こさないのであれば、意識そのものの説明にはならない。もし意識が脳に何らかの執行力を行使し、行動に変化を及ぼすような働きかけをするのでなければ、意識の存在を説明するために、高度に発達した脳の進化の価値を持ちだす意味はまったくない。これが問題の核心である。これはジェイロン・ラニアが、意識は「危機的状況において精神的注意を集中するために発達した」とする理論に言及し、「しかしそうした説明は、意識が効果的に働くときにだけ意味をなす」(ラニア Lanier 1999, 264) と付言したときに浮き彫りにされた点である。もし意識が執行力を持っていないなら、意識は進化に何らの恩恵も与えなかった、ということが明らかではないのか。

しかし意識には、さらにきわめて重要な機能がある。意識は個人的な付き合いの楽しみ、道徳的な価値、美の感得、科学・哲学・宗教・芸術における創造の可能性などのローカス(場所)である。実践しようとしてもなかなかできないことではあるが、私たちが一番高く評価している人徳とはどのようなものであるかを考えてみるとよい。それは怒られるのがいやで正直を装う人や、自分さえよければいいとばかりに他人を犠牲にする人には見られないものである。本来的に正直な人、危険にさらされている人を救うために自分の身の安全を顧みない人が、これに当てはまる。賢徳の倫理というものは、おそらく進化論的な用語で説明できるだろう。例えばオーツ船長の自己犠牲に見られる高度の倫理性がこれに当たる。オーツ船長は一九一〇年におこなわれたスコット南極探検隊のメンバーであったが、ひどい凍傷にかかった。そのとき自分を家に連れて帰ろうとする仲間を見て、彼らの負担にならないよう南極の雪のなかへと消えていったのである。それほどドラマチックではないとしても、いつの時代にも、戦時の恐怖のなかでも、平時の自然災害のなかでも、他人のために自己犠牲を払うという行動の事例はたくさん見受けられる。自己を超えるという価値は、意識のおかげで人間だけに備わっている。そうした価値の強力な現実性を避けて通るためには、思惑という複雑な迂回路が必要であろう。

創発的性質としての意識

今日広く知られたもう一つの立場は、心は脳の創発的性質であると主張するものである。「創発」という言葉は、現在、科学と宗教を結びつける何か呪文のような響きがある。創発という観念は、神経の発達がある程度の複雑さに達すると、神経内部の相互作用が新たな、さらにいっそう高度な現実体、すなわち意識を構成する、というものである。これは神経活動に何か新たなものが付け加わるということではなく、神経活動が新たに構築されるということである。スティーブン・ジョンソンは、無数の低次元の活動と相互作用のなかから出現した高次元の創発の例として、アリ塚の生成を提示している（ジョンソン Johnson 2002）。この見事に構成されたアリの巣の生活は、一匹のアリが作ったものでも、アリたちが命令されて作ったものでもない。しかし一匹一匹のアリがエサを探して巣に持ち帰るという自分の限られた機能を果たすことで、複雑に機能する社会が出現するのである。これと同じように、環境からの挑戦に対応しつつ、その相互作用をますます複雑化してゆく何十億というニューロンの限られた活動のなかから、生物学的進化のある時点で、意識が自然に創発したのだ、と示唆する。

しかし最近の研究によると、アリのように巣に棲む昆虫類には「群知能」といわれるものがあり、これは人間の場合の意識の行使に相当するものをまったく必要としない方法で説明できるという。アリは、ほかのアリの注意を喚起するフェロモンという化学物質を発散するが、皆が食べ物探しに散ったあと、最初に食べ物を見つけたアリが食べ物とともに最初に巣に帰ってきて、臭跡を二倍にする。それが結果的にほかのアリの注意を引き、ほかのアリが臭跡をたどることでさらに臭跡を強め、巣全体のアリが食べ物のあるところに導かれていくのだという。(2) これはアリの「知性」の創発的な新秩序のように見えるが、実はそうではない。これは進化の経過で発展した純粋に機械的なプロセスである。どうして意識が高度に複雑な脳の機能と同じであるといえるのかという問題を明らかにするために、創発の例を使おうとしても無駄である。意識は、身体の一部である脳とは明らかに異なるからである。これは論点を先取ることによってのみ可能である。アリ塚の成立は複雑な物理的実在であるが、問題点は、心もまた脳と同じように複雑な物理的実在であるかどうかということである。したがって、ここでのアナロジーは、結論的に言えそうなことを、つまり同一性とか随伴現象説のかたちのものを想定することによって意識を説明する、ということでしかない。

ポール・チャーチランドは意識についてさらに洗練された見方を提案している。これは性質二元論という観念に基づいた、脳の複雑さに対する創発的性質というものである。この見方によると、物的と心的という二つの実在の二元論ではなく、脳という実在が持っている性質の二元論、言うなれば物理的性質と心的性質の二元論である。心的性質は、脳がある程度の複雑さを獲得すれば脳のなかで創発する。チャーチランドは「この意味でいう創発的性質については、固体であるという性質、色が付いているという性質、生きているという性質が例として挙げられよう」と言う（チャーチランド Churchland, Paul 1988, 12）。固体である、色が付いている、生きているなどは、まさにモノであることの性質である。これらの性質は物理的な創発的性質の何であるかは説明しているが、意識が物理的・創発的性質であることを示すものではない。そう決めてかかるなら、意識は、どのようなものであれ、身体的な脳の性質であるかどうかという、基本的な論点を先取りすることになるだろう。性質二元論は一元論を受け手とする初歩的な論点の先取りである。

　別の研究者は、コンピュータの「人工知能」とのアナロジーによって意識の本性を理解しようとする。ロンドン・インペリアル・カレッジの神経システム工学教授イゴール・アレクサンダーは、コンピュータが既存の「知識」に照らして出来事に反応し、また経験からも学んで新しい知識や個々の「人格」までも獲得するような方法を研究した（かぎ括弧は筆者による）。アレクサンダーは「コンピュータにとって人工的なニューロンの興奮は、ちょうど私たちにとって感覚が有意味であるのと同じことだ」と信じる（アレクサンダー Aleksander 1999, 183）。また「人工知能をダイナミックな人工有機体となしうる神経網」があると信じ、「その人工有機体が学習した状態は、世界の有意味な表象であるとともに、世界における人工有機体自身の存在の表象である」と言う（同書、185）。アレクサンダーは、環境が環境自身を神経網に刷り込んで、「感覚神経によって感じとられるものを「こだまのように」内部で表象する」過程、すなわち象徴的学習という考えをもとに、この理論に取り組んでいる（同書、188）。彼はこの研究によって、自我や自由意志の表象、つまり「象徴的記憶」が可能になると示唆している。ただし、ここでいう自由意志は「生命体自身に自分は自由に思い通りに決定できると「感じ」させるだけの、正常に機能している神経系統において十分な非決定論がある」という意味での自由意志である（同書、194）。そこで、結論として意識は「脳の部分に象徴的に適応された発火パターンの最高傑作」ということになる（同書、198）。アレクサンダーが「感じ」と括弧づきにしたことは正しい。なぜなら、コンピュータは私たち人間が感じるようには感じないからである。また「有意味」も括弧づきにしたほうがよかったであろう。コンピュータが自由を感じるとか、意味に気づくという言い方は、「言わば」とか、あるいはメタファー（隠喩）として、である。スティーブン・ローズは、脳を「よくできたコンピュータ、情報処理装置、認知機械以外の何ものでもない」とは見ない理由の一つとして、まさに情緒や感動が欠落していることを強調する（ローズ Rose 2005, 54）。ローズが言うように、「脳や心をコンピュータと区別するときの鍵となる特徴は、感動を体験し、感情を表現する能力である。……情緒と認知は情報の意味を明かそうとして、脳や心のあらゆる過程に抜きがたく組み込まれている。このことが、なぜ脳はコンピュータではないとするのか、ということのもう一つの理由である」（同書、102–103）。コンピュータに、人間が感じる恐れ、怒り、愛、嫉妬、同情を真似て行動するようなプログラムを組み込むことは可能であろう。しかしコンピュータ自身がこうした感情を体験すると想定するのはサイエンス・フィクションにすぎない。なぜなら感情体験は単純に私たちが情報を受けとり、記憶することによって生じるものではなく、その意味を見定める能力があってはじめて生じるものだからである。また、コンピュータが情報を記憶して操作するのに対して、「私たちの心は情報ではなく、意味を扱うのである」（同書、207）。

さらに指摘しておくべき基本的な相違点がある。意識を持たないコンピュータが人間の知能をモデル化できるということをＡＩ（人工知能）が巧みに立証すればするほど、そのＡＩによって、脳をコンピュータであるとしたのでは、意識の存在が説明できなくなるということが、ますます決定的に明示されるようになる。なぜなら、コンピュータは意識することもなく、ただ人間の振る舞いをなぞるだけだからである。もし私たちが本来的にコンピュータであるとすると、意識は何の機能も持たない不思議な添え物にすぎないことになるだろう。もしも意識が、脳を経由して行動に影響を与えるような意識的決定をともなっていながら、執行力を行使しないならば、意識は無用のもの、不可解なものとなる。そこで認知科学は、これまで意識についての物理主義的な説明に賛同する論証をしてきたのであるが、しだいにこれに対抗する強力な論証を推し進めるようになった。このことは、多くの自然主義者がいつかは理解しなければならない重要事項である。

さて、随伴現象説の中心的な主張に戻ろう。執行しない意識の本性とは、他の者が言うには、建築学から借用した用語の「三角小間」のようなものだ、とのことである。例えば屋根を支える湾曲したアーチがあるとき、アーチと壁とのあいだのスペースを三角小間という。石造りのアーチであれば、屋根を支えるという明確な機能を果たすのであろうが、屋根とアーチのあいだのスペースはたまたまそのようになったという副産物である。それと同様に、意識もそれ自体は何の機能も持たないが、三角小間のように存在しており、まさに、たまたまそうなった脳の進化の副産物なのであろう。そこでカーターは、「意識はおそらく……ある種の認知機構が発達したときに現れたのであろう。しかし、それは意識自身の目的に役立つということではなく、認知機構のおかげによってできただけのものであろう」と言う（カーター Carter 2002, 92）。しかし科学は、「であろう」以上のものを要求する。つまり、どのようにしてこのものが生じたかについての説明が必要なのであるが、いまのところそれに対しての提言は何もない。

三角小間のメタファーは、脳神経科学者も心の哲学者もともに自分たちの研究が限界に達したときにはメタファーに訴えることがよくある、ということを思いださせてくれる。スーザン・グリーンフィールドは「私が論じる脳のなかのさざなみが意識をつくる」と言い（グリーンフィールド Greenfield 1999, 217）、ダニエル・デネットは、言語が「脳を共鳴室に変え、自分の行動を見直し、思いだし、繰り返し、考え直させる。さもなければ、移ろいやすい思考過程はその共鳴室のなかでふらふらし、自分勝手な対象物になってしまう。最後まで居残り、居残ることで影響力を持つものを、私たちは意識的な思考と呼ぶ」と言う（デネット Dennett 1996, 144）。またスティーブン・ローズは、シナプス結合を介するニューロンの相互作用のことを表現して、「あるニューロンがシナプスを介して隣のニューロンに語りかけ、そのニューロンがまた隣のニューロンに語りかける。こうして、生命体の働きのなかで、どのニューロンにも役割が定まる」と言う（ローズ Rose 2005, 148）。あとのローズのほうはメタファーとして無害な使用例であるが、さきのグリーンフィールドとデネット（また、その他大勢）のほうは、レイモンド・タリスを刺激して、「脳神経神話」という用語を発案させた。タリスは次のように述べる。

脳神経神話の力は、記述用語をうまく操作するその巧妙さのうちにある。…問題とする器官についてては厳密に身体的な用語で記述し、さらにその中心で生じる出来事については心理学的な用語で記述する。そうすることで身体的と心的とのあいだのギャップに橋が架けられる。要するに、電気化学的活動が身体的な出来事として感覚の末端に残り、情報として大脳皮質のどこかに到達する。どのようにしてこのようなことが生じるかについては何の説明もない。説明の代わりに関係者の全員が、電気化学的活動は、はじめから終りまで電気化学的活動のままであることに同意していると声高に言うのである（タリス Tallis 1992, 82-83）。

以上について適切と思われる結論は、随伴現象説のどの形態であっても、意識の存在については説明ができていない、というものである。まったく執行力を持たない意識というものは、どのような機能も果たさず、またその意識の創発というものも、明らかにされることがないのであろう。

生物学的自然主義

哲学者のジョン・サールは、生物学的自然主義という独特の立場を取ることでよく知られている。その理論は実に単純であるが、同時に疑いもなく急進的であり、デカルトの時代から哲学者を煩わせてきた、きわめて複雑に絡み合った問題を一気に解決してくれそうである。サールは、身体の脳そのものが、つまり身体の一部である脳そのものが意識的なものであると言う。もっと正確に言うと、「意識状態は脳のなかで脳システムの特徴として実現され、したがってニューロンやシナプスのレベルよりもいっそう高いレベルに存在する。個々のニューロンが意識的なわけではないが、ニューロンで構成されている脳システムの部分が意識的なのである」（サール Searle 2004, 113–114。あとに続くサールからの引用はこの著書からのものである）。ニューロンが一定のパターンの形状をとることによって、モノが意識的になるのは、まさに自然の事実である。「消化が消化管の生物学的様相であるのと同じく、意識は脳の生物学的様相なのである」（同書、115–116）。

私たちは自分が意識的であるから、意識というものが存在すると承知している。しかし、これに加えてサールは、「私たちは、心の過程のすべてが神経生物学的過程に起因することを承知している」と言う（同書、114）。因果性はいつも神経過程から心の過程に向かって働くが、これが随伴現象である。随伴現象には「基底にある神経生物学の因果的効力以外の力はない」（同書、114）。その一例として、サールは渇きの感じが生じる道筋を挙げる。すなわち体内の水が不足すると、系統のなかで塩分バランスが崩れることになり、渇きの感じが生じる。そして「私の意識に上った渇きが水を飲むようにさせる」のである（同書、114）。「渇きの感じ自体は、脳のなかで生じる過程、プロセスである」（同書、115）。これは身体に及ぼす環境の影響が意識の変化を起こして行動にあらわれるという道筋を説明するよい例である。しかしサールによる「心の過程はすべて神経学的過程に起因する」という主張（同書、114. 傍点は著者による）は純粋に一つの断定であり、「相関関係」がすなわち「同一」を意味するという論点を先取りしている。意識のなかに浮かんでくるすべてのことに対して、脳のなかで生じている何ものが相関していると言い、また、脳から意識への一方向的な因果性については膨大な事例があると言うのでは議論にならない。また逆に、意識のほうから脳へと向かう因果性の事例があるかどうか、これが重要問題である。サールの理論は、操作的に規定することにより、この要点を見えなくしている。

自由意志の問題については、のちほど詳しく検討するが、現時点では初めての登場となる。自由意志に注目する理由は、脳から意識への因果性と意識から脳への因果性の違いが、ただ物理的刺激によるだけでなく、価値・理想・信仰によっても働く意識の能力により、脳を介して引き起こされる行動の事例のうちに生じるからである。この原稿を書いていたとき、私はたまたまラマダーン中のイスラム教国にいた。（その年、二〇〇五年はラマダーンが十月だったが）その期間中、信仰心の篤いイスラム教徒は日の出から日の入りまで飲食を控え、そうすることで、霊的な良き報いを受けることを求める。喉の渇きの苦しみはいかんともしがたいが、最初の数日が過ぎれば飢えの苦しみは弱まってくる。とはいえ、ここ（エジプト）のように暑い気候の下では、特段に苦しいはずである。イスラム教徒に自己抑制させ、飲食を控えさせるものは宗教的信仰心である。しかし、価値観と信仰心に動機づけられた行動を純粋に生物学的に説明しようとするなら、宗教・文化・芸術・創造性（科学のみならず他の分野でも）、そして倫理も含め、究極的には人類史の全体にまで行きわたるものでなくてはならないだろう。

　言葉遣いに関して、サールにはいくつか不十分な点があることに注意しておくとよい。サールはほかの心の哲学者の言葉遣いに関して、例えば神経活動は意識を「引き起こす」とか、意識の「座である」とか、あいまいな言葉遣いをして「ごまかしている」と不服を述べる（112）。しかしサール自身が「どんなかたちの意識もニューロンの振る舞いに原因があり、脳システム内で実現される」（112，傍点は筆者による）とか、「意識状態は、脳システムの様相として脳内で実現される」（113，傍点は筆者による）という言い方をしている。「実現される」という言葉は、ほかのメタファーよりもあいまいさが少なく、ごまかしも少ないということなのだろうか。

　サールは別のところで、水は化学者にとって H_2O であり、濡れた感じとは関係ないが、経験的には濡れた感じがするという言い方をしている（サール Searle 1984, 20–23）。水はミクロレベルでは濡れていないが、マクロレベルでは濡れている。それとのアナロジー（類比）で言えば、個々のニューロンのミクロレベルでは、脳は意識ではないが、マクロレベルでは意識なのだという。

この事例はすでに見た事例（本書三三頁）——同じ現象を別の言葉で表現した事例、雲のなかで生じる稲光りと静電気の放電の場合——とは異なる。私が指摘したように、稲光りの例は純粋に科学的な理論であって、もしそれが偽であるなら、経験的に反証可能である。しかし、このこともすでに指摘したことであるが、二つの物理的現象が同一であることは、物理的現象と心の現象とが同一であることを示すものではない。サールの場合、二つの現象の一方、つまり一団となったニューロンの活動のほうは議論の余地なく物理的であるのに対して、他方の意識のほうは心に属するのである。それでもサールの理論では、ニューロンの活動と意識とは同一なのである。これは、原理上、実験的に確認されたり、反証されたりすることのできる純正な科学的理論である。なぜなら、もしこれが真である場合には、ニューロンの特定の配置のもとでの行動が（ニューロンの興奮とシナプス結合のパターンが）、残りの脳の部分の行動とは、際立って異なることを示すことができるからである。しかし、H_2Oと水のアナロジーはこの問題に当てはまらない。というのも、サールによれば、脳の特定の領域だけが意識であるのに対して、すべてのH_2Oが水であるからだ。しかし、この五十数年間、精力的に脳の実験が積み重ねられてきたにもかかわらず、ニューロンが活動するしかたと相互作用をするしかたとのあいだの差異は見出されていない。サールは次のことを認めている。「結果として生じる現象（すなわち意識的な思考）は複雑であり、脳に対する神経生物学的な関係の詳細は理解が困難であるし、現在のところではまだ多くのことが知られていない。ひとたび比較的容易な哲学上の問題が解かれると、今度は大いに難解な神経生理学上の問題が残ってしまう」（サール Searle 2004, 133）。しかし、ここでの「詳細」ということが、広く知られていないということではなく、まったく知られていないのである。二十年以上も前のこと（サール Searle 1984, 22）、サールは哲学上の問題を解いたあとで、「膨大な経験論的神秘が残っている」と同じことを言っていた。その後、神経生理学においては、状況を変えるようなことは何も起きていない。哲学上の問題を解くことは比較的やさしい。なぜなら、哲学の達人にとって思索はたやすいことだからである。とはいえ、その理論を下支えする証拠はどこにもない。

私の結論は、サールの理論を受け入れるとよいとする理由は、十分にないということになる。

四章　もう一つの可能性

　変容した脳の状態が原因で、変容した意識の状態が結果として生じるということは議論に取りあげるべき事柄ではない。しかしいまは逆のことを、つまり明らかに意識が原因となって脳に働きかけるという状況を検討しなければならない。というのは、話す、指を動かすなど、身体的な行動を私たちが意識的に決定することができるということは、いずれも直接に観察することのできる事柄であり、またもし――私たちのだれもが想定するように――脳と意識のあいだに完全な相関関係があるなら、心による意思決定のほうが脳活動を生みだして行動させることは一応の証拠となる。実験に基づく研究はかならず身体行動に関わっているので、議論の多くはこの点に集中している。しかし問題を考え抜いたり、議論や理論を考慮して判断をくだしたり、あるいは心脳の問題を哲学する、道徳的な判断をくだす、音楽をつくる、小説のなかの登場人物を生みだすというような意識的な心の活動のことも等しく重要である。あれこれ検討して考えることは、本当にサッカーボールを蹴り回すような行為であり、神経の相関を生みだすはずの行為である。脳から意識へ、また意識から脳への、両方向に向かう因果関係があるということが一応の証拠である。世界が私たちに働きかけると、脳に変化が生じて意識に反映され、また意識的に心が先導すると、これに相関する神経に変化が生じる。意識と脳の関係は、ダンスを踊る二人のパートナーのような関係である。二人はいつも一緒に動いているが、時には一方が、また時には他方がリードする。とはいえ、このアナロジーは完全ではない。なぜなら、私たちが思考のプロセス（過程）なり、目的をもってする行動なりに携わっているあいだにも、身の周りの環境が、脳を経由した感覚を介して私たちを環境のほうに振り向かせるからである。

脳の可塑性

コンピュータ内部の構造と違って、脳はかなりの可塑性を持った細胞組織でできている。脳は身体全体の発育の一部として成長する。そして脳のさまざまに異なる領域は、使用状況に応じて発達したり萎縮したりする。幼少期には、脳は固まった領域と固まっていない領域があるので、五、六歳くらいまでに、もし子どもの脳のなかで発話をつかさどる左脳半球が損傷すると、この発話機能は無傷な右半球が受け持つことになる。あるいは「最新の技術を使って脳を画像化したところ、生まれつき盲目のため生涯点字を使ってきた人は、普通の人が触覚を視覚化するために使う大脳皮質の領域が、点字使用のために使われてきたことがわかった。……そのため、普通の人が視覚のために使う部分が触覚のために使われるよう脳が改変されていた」（ジーブス Jeeves 2003, 19）。あるいは脳梗塞で倒れた人が失われた機能の一部をしだいに回復したとき、その機能回復は、理学療法士の指導を受けながら、不断の努力によって損傷した部分を補うかたちで、脳のなかに新しい神経経路ができたからである。事実、ニューロンのあいだにある何百万というシナプスは、常時、無数に切断されたり接続されたりして、絶えず強度を変えている。今日では培養液のなかで生きている脳組織を育て、時間とともに変化する状態を写真に撮ることが可能である。スティーブン・ローズはその変化の様子を生き生きと描きだしている。

成熟したニューロン（神経細胞）が、比較的安定し分裂しない細胞集団を作るとしても、その成熟した神経細胞自体の形は定まっておらず、絶えず変化している。低速度撮影の結果、神経の樹状突起が成長したり引っ込んだり、トゲ状につきだしては再び引っ込んで、シナプス接合を作ったり壊したりするのが見られる。マウスを対象とした研究によると、ヒゲから得られる情報を解読する脳の領域で、樹枝状のトゲの五〇パーセントが数日しか残らなかったという。もしこれが建物であれば、これは生きて時間とともに変化する建物であって、現在の形態やパターンは過去と未来とのあいだの束の間のものであるとして理解できるのみである。……脳は生物系に属するすべてのものと同様に、存在（……が在る）と生成（……に成る）を兼ね備えている。つまり外見上の安定性は過程の安定性をいうのであって、びくともしない建物の安定性のことではない。今日の脳は昨日の脳として在るのではなく、またそのまま明日の脳になるわけでもない（ローズ Rose 2005, 146–147）。

さらに、私たちは恣意的に脳の可塑性を利用することができる。ロンドンのユニバーシティ・カレッジでおこなわれた研究では、意図的に努力することで実際の脳の構造や機能に影響が生じるという目覚しい事例がある。将来を嘱望されているロンドンのタクシー運転手は地図を読み込んで街中を走りまわり、少なくともすべての主要道路がどこにあって、また一日のさまざまな時間帯にどの経路で行くと最短の時間で行けるかという「大知識」を習得するために、一年あるいはそれ以上の時間をかけることになっている。研究者はロンドンのタクシー運転手にＭＲＩの映像を撮り、これを管理グループの人びとの映像と比較した。その結果、タクシー運転手のほうには記憶を構成して空間情報を処理する後部海馬が肥大していることがわかった。さらに、タクシー運転手が経験を積むにつれて海馬の肥大化が進んだという事実は、もともと海馬が大きい人たちを選んで検査したのではなかったことを明示していた。報告によると、「海馬の肥大化は、ロンドンのタクシー運転手として働くことで、空間についての記憶とその空間を乗り切る能力とに対して増える一方の要求を受け入れるために、海馬が塑性的な変化を起こすことができる、ということを示唆している」(1)。

そこで疑問は、次のようになる。人は自分の自由な選択（生活環境が許す範囲内での自由な選択）に基づいてタクシー運転手になり、職業上の「大知識」を習得するために意図的に必要な努力をするのであるが、そのときの努力が脳の活動領域の変容を引き起こす原因となるのであろうか。それとも、自由になされた決断と努力は単純に意識という受動的な鏡のなかで反映されたものでしかないことは明らかなのだけれども、このすべてを脳自体が、つまり物理的な因果の結合体の部分である脳自体が、おこなうのであろうか。

仏教徒の瞑想に見る脳の可塑性

心で念じることで新たな神経状態が作りだされる方法については、多くの事例がある。しかし当面の目的にもっとも興味深い例は、仏教徒の瞑想の達人に対する実験的研究である。一章では、瞑想状態が普段とは異なる脳の状態と相関していることを見た。しかし別の研究者はさらに踏み込んだ研究をした。『禅と脳』のなかで著者のジェームズ・オースティンは、座禅の実践者と共同でおこなった観察と実験の結果を報告している。オースティンは座禅が脳の構造と働きを変容して、意識の新たな形態を可能にすることを発見した。そして深遠で広い範囲におよぶ目覚めである悟り、すなわち見性の体験は、「新たな配置へと再編される（されうる）生来の現存する脳の機能」として、脳の構造のうちに可能性のかたちですでに存在している、と言う（オースティン Austin 1998, 23)。座禅は実在の全体との合一という感覚を生みだす。そこにはいかなる不安も恐れもない。あるのはただ集中した「正念」、平静心、他者への親切心だけである。

オースティンは、座禅によって強められることはあっても弱められることがなく、日常生活のなかでも機能する実践的な自我と、これに対する利己的でマイナスの自我とを区別する。彼は「禅の入門者は最初にこのマイナスの自我を定義し、同定し、克服する必要がある。その場合、本来の自然な自我を押し殺したり、否定したりするのではなく、自分が持っている基本的で、倫理的で、慈愛深い衝動の流れを刺激し、励ますような仕方をとる」と言う（同書、35-36）。入門者は、禅で言われる本来の真我を見出す、あるいは取り戻すのである。これを典型的に反語的な表現で「お前の両親が生まれる前のお前の顔」（父母未生以前本来面目）と言う。これが私たちの仏性なのであるが、それは現在、自己欺瞞に満ちた人間社会の広範囲な影響力によって覆われている。

オースティンはこのことを、京都で二年余り研究をともにした老師（禅の師匠）のもとで見て取った。それに比べると、京都や東京での老師あるいは参禅者との交流ははるかに短いものの、そこで私自身（ヒック）が経験したことは、オースティンの言うことと全面的に一致する。とはいえ、禅についてては、とりわけこの特定の老師たちが属する非常に厳格な臨済禅については、それがマッチョな仏教であり、多くの者にとって非常に厳格なものだ、と私は思った。しかし禅だけが同じ目標へ到達する道ではない。多くの仏教者は部派仏教が説く別の方法、サッティパターナ（正念）の瞑想を選んでいる。この瞑想の第一歩はきわめて単純であるが、大いに難しい。これは、例えばフランシスコ・サレジオのようなキリスト教の瞑想の達人が教えるような何ものかについて瞑想することと同じではない。キリスト教の瞑想では、例えばできるだけ生き生きとイエスの生涯の一コマを思い浮かべ、その細部のすべてに懸命にとどまり、その上で聖書物語をしっかりと心に留めるようにする。しかしこれとは反対に、正念の瞑想では、最小限の知的内容を持つもの、つまり自分自身の呼吸だけに注意を集中して、意識からすべての雑念を追い払うのである。そうすることで通常の認識を超えた実在、絶えず変貌しながら臨在する霊的実在に対して、意識を開くことを目指すのである。ブッダの教えでは、これは瞑想の第二段階である。この段階で、瞑想者は「最初にあった考えや雑念を離れて、集中から生まれた第二の瞑想の段階に入り、そこにとどまる」（阿含経の中部、I. 454、ホーマー Homer 1957, 126）。そして、最終的には（この世においてであれ、来世においてであれ）完全な悟りである段階に進む。

チベット仏教は、脳神経科学者の研究によると、正念の瞑想にいくらか似たかたちを教えている。デューク大学のオーエン・フラナガンは、この研究の潜在的な意義を明示している。

ダライ・ラマが住むインドのダルムサーラのような場所では、何度もこうした幸せそうで穏やかな仏教徒の魂に出会うのであるが、私たちはある程度自信をもって、こうした人たちは本当に幸せなのではないかと考えることができるだろう。穏やかな外見の裏で、左側の前頭葉前部がいつも活発に働いているのである。もしこの発見が多くの人の認めるところとなれば、重要な意味を持つことになるだろう。

仏教徒は生まれながらにして幸せなのではない。チベット仏教者が人類のなかでまれに見る、生まれながらに前頭葉前部皮質を活性にする「幸せの遺伝子」を受け継いだ、均質な生物学的グループであるとするのは根拠のない想定である。仏教徒がおこなう根気強い修行には、私たちのだれもが求める幸せというものにいたらせる何ものかがあると考えるのが、もっとも道理にかなった仮定というものだろう。

扁桃体〈脳内にあるアーモンド〈扁桃〉の形をした神経細胞の結合体〉や他の皮質下前頭回路に及ぼす仏教徒の修行の効果についてはどうだろうか。この回路は、前に説明したように、比較的自動的な感情や振る舞いの反応に関わっている。現在、ニューヨーク大学のジョゼフ・ルドゥによる重要な研究のお陰で、人は何も恐れる必要のないものを恐れるように条件づけることができる――扁桃体や視床を介して――ということがわかっている。また、単に意識的、合理的に考えるだけでは、扁桃体が「考えたり」「感じたり」するものを乗り越えることはきわめてむずかしい、ということもわかっている。

そう言えば、仏教徒による正念の修行が扁桃体を制御するのではなかろうか、という興味深い初期の研究がある。ダーウィンの適者生存感情説で著名な研究者、カリフォルニア大学サンフランシスコ医療センターのポール・エクマンは、ディビドソンと同様、仏教修行者に関する研究の初期段階にある。エクマンがこれまでに発見したことは、予期しない物音、銃声ほどの大きな物音に対して、常人ならば動揺し、驚き、仰天するところを、修行を積んだ瞑想者はそうならないという。また多くの人と違って、仏教徒は体験したことを語るときに怒りが少ないともいう。

環境からの刺激に脳が反応するとき、だいたいは怒りや驚愕など否定的な感情をともなうものであるが、仏教徒の修行はこうした脳の反応の仕方を変えることができるのではないだろうかという問題に、事実上、答えを与えるものだと私は信じる。現在、否定的情動を緩和するのに抗鬱剤が好んで用いられているが、抗鬱剤はけっして人を幸せにするものではない(2)。

こうした瞑想から恩恵を得ようとして、わざわざ仏教徒になる必要はない、と強調するのがダライ・ラマの口癖である。私たち人間を超えた実在、私たち人間の内面に潜む実在、こうした偉大で恵み深い実在など、いかなる類のものも信じる必要はない、というのである。脳神経科学者が見た限りでは、体験は純粋に自己発動的なものであり、けっして自我を超えた、いかなる実在も関与していないという。そこで、いつものように大きな疑問が湧き起こる。自由に選択され、何度も繰り返し実践された瞑想が、左の前頭葉前部の活動を高めて扁桃体を鎮めるのだろうか。それとも、これとはまったく逆であって、自然の全体的な因果体系のうちの一部分として、個人はその特徴的な効果をともなう瞑想に従事させられているのだろうか。

二章で私は、同一論と随伴現象説のどちらも退ける理由を述べたが、その理由を受け入れた人は、自由意志——どの主題にも負けないほど異論を多く呼び込むテーマ、次章でこれを扱う——の意識的行使をある程度、容認したことになる。さらにその先（六章と七章）に重大な問題が待ち構えている。すなわち「神秘」体験——広範囲にわたり、また実にさまざまなかたちで現れている——は、通常の意識に現れる実在体験よりもさらに大きな実在体験として、理性の立場で受け入れることができるかどうか、あるいは反対に、ただの幻覚として等級づけていいかどうか、という問題である。

さて、意識と脳の同一論、および意識は思考や行動を発動する力を持たず、ただ脳の活動を受動的に反映するだけとする意識論に対しては、次の考えが代案となる。意識と、これに加えて無意識的な心とは、脳と不断に交流する非物理的な実在として存在する。

これはデカルトの二元論への逆戻りだろうか。否、デカルトではない。というのは、デカルトは、心と物は脳の松果腺のなかで交流を続けると主張した。なぜなら、松果腺以外のすべての器官は脳の二つの半球のなかで二つずつあるのに対して、松果腺は一つしかないからである。デカルトはまた動物には心がないとも主張した。なぜなら、デカルトにとって心は不死の魂であるが、動物は不死であることが、許されていないからである。したがって、私が提唱していることは、非デカルト的二元論である。

この立場からは、意識と脳と、それから両者の交流活動というものの実在が必要とされる。しかし心と脳の交流活動はどのようにして生じるのだろうか。物的なものから心的なものに、逆に心的なものから物的なものに、どのようにして影響が生じるのだろうか。もし心脳同一論を放棄したのであれば、両方向でなくても、少なくとも一方向に交流活動があったことを認めていたことになる。どのようにして交流活動が成り立つのだろうか。自然法則に従ってそうなるのだとしか言えない。通常「自然法則」という言葉は物質世界の法則を指している。しかし、もし宇宙全体が物と心を含んでいるとしたら、またもし、少なくとも、人間の脳において両者の交流があるとするなら、両者が交流活動をする程度に応じて、自然法則には法則や規則が含まれていなければならない。

しかし、交流活動が両方向であるかどうかは、意識が脳に影響を及ぼすかどうかによって決まる。このことが、次に、私たちを直接、自由意志の問題へと向かわせるのである。

五章　自由意志とはどういうものか

意識の一瞬一瞬には意識に応じた神経の相関があるという一般原理が与えられるならば、それではどちらがどちらの原因なのかという、重大な問題がますます明らかとなった。独特の宗教体験を構成する意識を含めて、脳は自然の閉鎖系の一部として意識状態を作りだすのだろうか。例えば一章で取りあげた仏教の瞑想者の場合、長時間の瞑想をおこなうために瞑想者が続ける明らかに自由な、そして絶えず新たになされる努力は、その有益な結果を含めて、本当に自由なのだろうか。

両立論者と非両立論者の自由

決定論とは、ある時点で世界の完全な状態が与えられたなら、その前の世界の状態がそうだったのだから、現時点の世界の状態も、いまあるとおりにしかならないとする教説である。あるいは別の見方をすれば、哲学者ダニエル・デネット(1)が用いる次の定義のようになる。「どの一瞬にも確かにひとつの物理的に可能な未来がある」（デネットDennett 2003, 67）。この言葉が意味するのは、因果的に決定された宇宙の歴史の総体の一部として、私たちはどの瞬間に存在するのか、またどのような状況下にあるのかということが、あらゆる細目において、あらかじめ決定されている、ということである。

これでは自由意志について論じる余地は残されていないように思える。しかし哲学の議論では、両立論者の自由と非両立論者ないしリバタリアン（自由至上主義者）の自由とを区別するのが普通である。両立論者の自由というのは、客観的に見れば、私たちは全面的に決定されてはいるものの、そうした状況と両立しうるような主観的意味における自由のことである。「両立論者の自由」という言葉の使い方は、説得に都合のよい定義のかたちをとって、人目をごまかそうとする哲学的なひねりの例である。意志の自由には、両立論者と非両立論者ないしリバタリアンの二種類の自由がある——後者はかなり奔放である——ように聞こえるが、前者の両立論者の自由という考えは自己矛盾である。

両立論者の自由のほうを適用したくなる理由は、主として次のような考えからである。私たちが行動するとき、その瞬間の状況において自分のなすべきことをすべてなしているのは明らかである。行動するのはこの自分、起こした行動に責任があるのもこの自分である。もしこの自分が別人であったとすれば、あるいは状況が違っていたとすれば、自分は別のことをしようと思ったかもしれないし、また、それゆえ、違ったことをしていたであろう。いずれにもせよ、自分がしたいという意志に従って行動しているのである。しかし、この事実をもって行動が自由であるといえるだろうか。答えは「否」である。何かしたくなるように催眠術をかけられたとしよう。あるいは、だれかの遠隔操作によってあれこれしたくなるように仕向けられていたとしよう。そのとき自分の意志は自由で責任を負うことのできる意志だろうか。答えは明らかに「否」である。こうした場合がいわゆる「両立論者の自由」であって、これは純正の自由意志ではない。

これを脳に関連づけて、完全な決定論が得られたとしよう。どの思考にも行動にも神経が相関しているのであるから、何十億という数の神経がどの瞬間にも働いているということが、完全な物理的決定論をいうためには必要となる。どの意向や行動にも、どの思考、推測、議論にも、どの想像や空想、どの道徳的決断、どの身体的動きにも事前に決定がなされている。しかし自分が行動するときは常に自分であり、行動しているのは、まさしくこの自分であるという自明の理は、全面的な決定論のための証拠でもなければ、論証でもない。

ここで次のように考えると、問題点を強調することができるだろう。シェイクスピアが戯曲やソネットを書いたとき、彼が考えたり感じたりした瞬間が、あるいは彼の知性や感情の流れが、あるいは想像のなかでおこなった実験の各局面が、はたまた完璧な字句表現への最終的な到達が、彼の生涯を受胎のときにまでさかのぼり、さらには地球や銀河系の生成、さらにはビッグ・バンにまでさかのぼる因果の連鎖のなかで、物理的に決定されていたのだろうか。またベートーベンの交響曲の創作、そのほかの作曲家の音楽に関しても、これと同じ疑問が持ちだせるのではないのか。ミケランジェロ、ピカソ、アインシュタイン、モーツァルト、カント、ウィトゲンシュタイン等々の作品や著作が、前もって決定されていて、その詳細な内容にいたるまで理論的に予測可能であったのだろうか。

私たちが考えたり、行動したりする際に、自由意志は――もしもそれが私たちにいくらかでもあるとするならば――広範囲におよぶ内包的な因子によって条件づけられ、制限されている、ということには疑問の余地はない。ここでいう内包的な因子というのは、私たちの遺伝子構造、左か右かの大脳半球に支配される私たちの身体的構造、歴史上の一時期における特定の社会と文化のなかでおこなわれる私たちの人格形成、交流した人びとや見たり聞いたり読んだりしたことを含めて、誕生前からいままでずっと続いてきた個人の経歴上の出来事、私たち一人ひとりがいまあるようなユニークな人間になる原因となった、すべての事柄などのことである。とくに私たちの遺伝形質が、性格や能力の基本となる設計図を用意している。宗教との関係では、別々に異なる環境のもとで育てられた双子に関する小規模な研究に基づいて、宗教的傾向は遺伝するのではなかろうかという限定的な証拠がある。しかし、これは数ある要因のうちの一つかもしれないが（これ以上の言い方をするにはデータが乏しすぎる）、唯一の証拠では無論ない。疑問点は、私たちの成長と発育に影響する、こうしたことのすべてが、全体的に見て、一瞬一瞬の私たちの考えや行動を決定するのかどうか、あるいは私たちの考えや行動のほうがいろいろな条件を構成し、そのもとで限定された自由を行使するのかどうか、ということである（しかし、このような限定された自由意志でさえ内部的な制約、つまり論理による制約を受ける領域がある。例えば理性の立場に立つ限り、２＋２＝４という恒真命題や、正しい三段論法によって導かれた結論を反駁することに対して、私たちは自由ではない。もちろんその前提そのものや、その前提から導かれた結論を反駁することはできるであろうが……）。

非両立論者の見方は、私たちが何らかのしかたで行動するとき、時には自発的に、あるいは創造的に、自分にも他人にもまったく予測できない決断をくだすことがある、というものである。こうした場合は、主として二つの領域で生じる。一つは責任のある道徳的な決断を下す領域であり、もう一つは新たな思想の構築、音楽・文学・彫刻・絵画・音や色のパターン等々の新たな芸術の創造──自分でも驚くことがあるような芸術の創造──の領域である。この明らかに自由な創造性が、実際には機械的に決定されているという、理論上の可能性を私は否定しない。とはいえ、理論上の可能性が事実そうだということに直結するわけではない。

唯物論的決定論の強固な支持者の一人である哲学者ダニエル・デネットは、非両立論者の自由についての考えを、まるで「道徳の空中浮遊術」（デネット Dennett 2003, 101）とでもいうべき不合理であり、「霊験あらたかな大我ないし大霊のもたらす偽りの安心感」（同書、306）を追い求めるようなことだと嘲笑する。しかし当然のことではあるが、道徳の空中浮遊術にせよ、霊験あらたかなる本質我にせよ、それが必要とされるのは、デネットのするように、唯物論を真理であると前提する場合だけであろう。唯物論を前提とすれば、因果の連鎖を断ち切る奇跡が必要となるだろう。しかし唯物論を前提とする点で、デネットは明らかに、もっとも基本的なところで論点の先取りをし

ているのである。(2)

ところで、神経システム工学の研究者であるイゴール・アレクサンダーは「生体においては大量の「ノイズ」がある。ニューロン（神経細胞）は確率論的な様式で興奮し、内部の出来事は相互に激しく同調する。また外部世界の出来事にも……。正常に機能している神経システムにおいては、自由に任意に決定することができると生体に「感じ」させるだけの十分な非決定論がある」という（アレクサンダー Aleksander 1999, 194）。多くの神経生理学者は「ニューロン（神経細胞）は確率論的な様式で興奮する」という考えを受け入れない。しかし、これが両立論者の自由意志に関するアレクサンダーの解釈である。アレクサンダーによれば、例えば彼自身のような生体の脳は、身体が何らかの行動を起こすように決定された状態にあると同時に、脳が脳自身の選択に基づいて行動するという随伴現象的な「感じ」を作りだす任意な条件のもとにもある、という。これは私たちが目覚めているあいだの生活を通してずっと続く過程である。この点から先に進めば進むほど重要性を増す問題が出てくる。なぜなら、自由な選択をしていると思うときに、何が起きているかという疑問に対するアレクサンダーの説明は、例えばアレクサンダー自身が考え抜いて論文を書いたりすることも含めて、彼自身のとる諸々の行動に対して適用されなくてはならないからである。生きたコンピュータとしてのアレクサンダーの脳は、洞察と理性によって彼の理論を発展させるように導くところの、自由で未決定の知的活動にかかわっているかのように——実際にはそうではないが——「感じ」る。しかしコンピュータは自由意志の意味でも、あるいは怒り・絶望・陶酔感の意味でも、あるいはいかなる感じの意味でも、文字どおりに何かを感じるようなことはない。両立論者の自由をメタファーという名の上着に隠してこっそり持ち込むことは生産的でない。

コンピュータは人間の知性をシミュレートするために、コンピュータのソフトウェアのなかでモデル化できるが、この事実が持つ意味を、ここで再び強調しておくことは有益であろう。コンピュータを搭載した車両はデジカメからの情報を入力し、周辺の障害物を上手に避けて、あらかじめプログラムされた道筋に従って進むように設定することができる。さらにより複雑なレベルは、コンピュータがプレーするチェスである。自分と対戦相手が取りうる動きの結果を計算して、詰めを目指すようにプログラムを組むことができる。このようにプログラムされたコンピュータはチェスの名人を相手に、十分太刀打ちできる。両者の違いは、チェスの名人のほうは多くの試合で指し方を観察しているので、相手の攻め方を十分考えることができるということである。しかし、おそらくコンピュータのほうも、対戦相手の過去の試合をすべてメモリーに入力してその手口を蓄え、それに対抗する自分のやり方をプログラムすることさえできるだろう。それにもかかわらず、金属とプラスチックでできたコンピュータのほうは、「いわゆる意識というもの」という意味以外の意識は持っていない。コンピュータ自体に意識があり、単にプログラムによって意識的と見える振舞いをシミュレートするのではないというなら、それはもはやコンピュータについて語っているのではない。コンピュータにできることが多ければ多いほど、また知的なように見える行動に意識が必要とされないことが明らかになればなるほど、意識の存在ということがますます不思議に思えてくる。

実験に基づく証拠

表面上は、実験に基づくどのような証拠も、自由意志と決定論の論争に関連しえたことは何もなさそうである。しかしベンジャミン・リベットは、最近自分がおこなった初期の実験の意義について振り返っている（本書一五頁および四五—四七頁参照）。リベットは、運動準備電位の立ち上がりと行動に向けた意識的な意志とのあいだには約〇・五秒のギャップがあったものの、意識的な意志のほうは筋肉が手首を動かそうとし始める約〇・一五秒前に生じたことを自分と自分の研究仲間が発見した、ということに注意を向ける。リベットは「〇・一五秒という間隔は、意識機能が随意過程の最終結果に影響を与えるのに十分な時間となるだろう」という（リベット Libet 1999, 51）。そして結論的に、「実際には筋肉にいかなる動作もさせないようにする随意過程の最終的な進行停止ないし禁止の可能性は、意識機能にとって潜在的に利用可能である。したがって、たとえ随意過程が無意識の大脳過程により開始されたとしても、意識的な意識は随意的な過程の結果に影響することができるであろう」という（同書、51-52・傍点は原本どおり）。またリベットは、彼が対象とした被験者は、そのときは意図的に抑制あるいは禁止したものの、時には実際に行動しようと意識的な願望あるいは衝動を感じた、と報告している（同書、52）。リベットは初期行動を禁止する意識的な制御に先立って、無意識的に大脳が準備に着いているのかどうかという問いを続ける。しかし彼は、そうは考えない。なぜなら「意識的な禁止は制御機能であって、単に行動したいという願望に気づくこととは異なる。……事前の無意識的過程による発達なしに制御機能が現れる可能性については、これを否とするような、実験に基づいた証拠は何もない」（同書、53．傍点は原本どおり）。リベットの結論はこうである。私たちには監視する自由意志とでもいうものがあり、それによって意識的自我は脳を通じ、身体に関して普通は無意識自我が握っている指揮権を乗り越えることができるのである。

このことは、次のような仮説を示唆している。脳によって制御される人間の身体は、発展進化するようにプログラムされた方法で行動したり反応したりするような、とてつもなく複雑な生体として機能する。したがって、これまでは、心脳同一論や随伴現象論的な理論によって身体は記述されてきた。しかし身体には、意識と、そして意識的な覚醒レベル以下で生じるさらに多くの心的活動との両方からなる心的流れが住みついている（これはもっとも適切な言葉遣いと思われる）。物理的な環境のなかで、一瞬一瞬進む道を決めて行動する身体を制御することが、脳の通常の働きである。脳に制御された身体の行動の結果は絶えず意識のなかに現れてくるが、意識自体はその状況に付き従うだけである。意識して身体を制御することは、危険な混乱を招きかねない。ちょうど、次に紹介するムカデの場合がそうである。

ムカデはまったく幸せだった
ヒキガエルが冗談まじりにこう言うまでは……
「ねえ、どの足がどの足のあとに動くの」。
それでムカデは大いに心を乱され
走るにはどうすればいいのかと
思案に尽きて、茫然自失。

ウィリアム・ジェームズは、自分のデータのなかに「内省」という証拠を取り込んだ心理学者の一人である。ジェームズは、日常生活の些細な変化のなかでは、ただそうすることを選んだという感じだけで、無意識のうちでの決定を是認できる、と指摘した（ジェームズ James 1981, 1132–1135）。私たちはただ習慣から無数の日常的なことをおこなっている。朝起きて歯を磨く。飲んだり食べたりする。家の周りや通りを歩いたり、よく知った道を車で走ったりする。「やあ」とか「どうだい」とか「大丈夫かい」という習慣的で答えを求めない挨拶を交わし、さらに何でもない世間話をたくさんする。ウィンブルドンのテニス競技、そのほかの高度のスポーツの技のレベルのように、計算し尽くされた行動に違いないと思われる場合でさえも、全体を見て戦略を決定する場合を除けば、いつもきわめて正確な判断が意識的な指示なしにくだされる。そしてほかの多くの分野におけるほかの技術についても同じことがいえる。

しかし、もしリベットが正しいのであれば、監視している意識は行動に対して禁止命令をくだし、無意識のうちから出てくる別の選択肢に向かわせることができるだろう。しかし普段の日常生活において、そのような意識的な決断が求められるのは、比較的まれなことである。したがって、リベットの実験において手首を曲げたり指を動かしたりすることは些細なことであって、これを意識がやめさせようとしたり、別のやりかたに変えさせようとすることには何らの理由もない。意識的自我がよく考えて決断する事態は、物理的環境における通常の身体的動作の管理にかかわらないし、また日常生活のなかでの他人との何気ないやりとりにさえかかわらない。意識的自我が決断する事態というのは、より深刻なやりとり、熟慮を要する道徳的な判断、難解な問題を解くために要する知的な努力——例えば脳と意識の関係とか、あるいは創造的な仕事としては芸術や科学を考えるときに必要とされる知的な努力——にかかわっている。リベットがおこなった研究室での実験には、ミリ秒で測られる動作が含まれている。しかし時には——多くの人にとってはよくあることではないけれども——道徳上の難しい決断をしなければならないことがある。これには長期にわたる、またおそらくは非常に多岐にわたって相互に関連する因子、原則、誘惑、義務、それらしい結末の見通しなどとの苦渋の格闘が絡んでいる。また、さらに理論物理学の研究をしているとき、あるいは脳神経科学を理論化したり哲学的な思考をしているとき、あるいは小説を書いたり、政策を論じたり、講演内容を作っているときなどに、意識的な自我は、無意識の記憶や体験の膨大な貯水池に支えられて働いている。この意識的で心的な努力のすべてが、腕を動かすこととまさに同じように、動作をも構成しているのである。また、あらゆる心的な行動には、連続した神経の相関がある。しかし自由意志を働かせるのは意識的自我であり、意識が神経との相関の生成に（影響するというよりは）原因となるのは、自由意志の行使においてである。ダンスを踊る両パートナーは歩調を合わせて動いているものの、その一瞬一瞬は意識的自我のほうがリードしている。

そこで、私の結論はこのようになる。私たちの生活の大部分は蓄積された無意識的な知識や体験に支配されているが、より重要な瞬間、例えば商売上とか、職業上の判断をする場合――芸術や科学など創造的な仕事や審美的な識別をするとき、注意深く考えて道徳的な決断をするとき、はたまた、興味深く複雑で異論のある問題に心を向けようとするとき――には、私たちは意識的な自由意志を行使している。例えばこのテーマについて私が書いているとき、そして現にあなたがこれを読んでいるとき、私たちはともに知的な自由を行使しているのだと私は信じる。

しかし、ここでも私たちは、遺伝、環境、自己の履歴、入手可能な情報など、さまざまな因子の範囲内で自由を行使しているのである。ハンス・キュンクは次のように述べている。

私は自分が環境によって条件づけられ、遺伝形質によって前もってプログラムされていることを承知している。しかし同時に、このいずれにも全面的には条件づけられていないことをも承知している。条件づけられているものと生来的であるものとのそれぞれの限界内で、私は自由であり、それゆえ予測は単純にはできない。私は動物ではない。またロボットでもない（キュンク Küng 2003, 17)。

あるいは、スティーブン・ローズ（唯物論者であるにもかかわらず）は、こう述べている。「私たちはいくつもの決定論の境界線上で生きているので、自分の置かれた状況内での選択はままならないとしても、自分自身の将来を築くことは自由である」（ローズ Rose 2005, 301）。そうでなければ、どうしてローズが今日の神経テクノロジーの急速な発展によって提示される倫理的決断に関して長々と――しかも非常に為になるしかたで――書くわけがあるだろうか。

量子の不確定性

私は完全な物理的決定論に反対し、ある程度の意識的な自由意志については賛成するという議論をしている。しかし、ここでミクロレベルでの量子力学と不確定性要素とが――あるいは予測不可能性のこともそうかもしれないが――当面の問題に関係があるかどうかという疑問をわきに寄せておくために、ここで注意しておきたいことがある。物理学者ではないものの、物理学者がいうことに耳を傾ける私たちは、二つの対立する理論のことを耳にする。一つは、量子レベルでは本当の無作為性があるとするもので、心の哲学者のなかには、このことをマクロレベルで脳に当てはめようとする者がいる。（しかしこの当てはめは、大規模な統計的マクロレベルに達したときには、個々の量子の挙動における無作為性が失われるという事実を見落としている）。もう一つの対抗する学派は、客観的な無作為性に比べて、疑う余地のない判然とした量子の無作為性のほうは本当に予測できない——私たちには予測できないのであって、仮想上の全知全能者には予測できる——と主張する。そこで、量子力学は心身問題に光を投じることができるのかどうかということについて、多くの議論がなされてきた。ある者（例えばスタップ Stapp 1995）は「できる」と言い、ほかの者（例えばルードウィヒ Ludwig 1995）は「できない」と言う。しかし当面の目的にとっては、技術的内容をめぐる論議に深入りする必要はなく、以下を理解することで十分である。もし人の脳の活動規模でマクロな出来事が無作為に生じたとするなら、そのことは完全な決定論にかかわらないのと同様に、自由意志にもかかわらないであろう。自由な行動というものは、もしそれがあるとするなら、現在考えているような知的活動をも含めて、無作為でも決定論的でもありえない。とはいえ、意識が神経活動によって影響を受けるだけでなく、影響を与えることもできるのかどうかという中心的な疑問点は、依然として残る。

自己に言及する問題

思想や行動は神経の出来事によって無作為に引き起こされるのか、それとも厳格に決定されているのか、そのどちらかであると信じる者は、その理論に達してそれを主張するときに、自分の理論が自分自身の思考過程にあてはまることを受け入れなければならない。リタ・カーターは、神経生理学者の研究成果について説明するときに、次のように述べている。

> 私たちの脳には何らかの幻想がしっかりとプログラムされているので、幻想を偽とする知識を見過ごして、幻想を見てしまう。自由意志はこうした幻想の一つである。私たちは、理性的には自分が機械であることを受け入れるかもしれないが、それでも自分の本質的な部分は機械的命令から自由であるかのように感じ、行動し続けるだろう。しかし現在の私たちが、地球は丸いという事実を当然のこととしているように、未来世代は、人間はプログラム可能な機械であるということを当然のこととするだろう（カーター Carter 1998, 206–207）。

自由意志は、だまされざるをえない幻想であると私たちは知っている、と言うときのこの「私たち」とはだれのことなのか。理性的に受けとめている思想が、実は機械的に決定されたものであると私たちは理性的に受けとめることができる、と言うときのこの「私たち」とはだれのことなのか。この「私たち」が本当にだまされているなら、だまされているということを、どのようにして知るのか。私たちが機械であるならば、私たちが機械であるということを機械的に考えさせられるのではなく、むしろどのようにすればそのことを理性的に受け入れることができるのか。カーターは不注意にも、この分野の多くの著者たちがするように、自分自身を自分の言明の対象領域から除外している。コンピュータは自分が機械であると（言わば、という意味で）「信じる」ように、しかも思考の合理的過程によってこの結論に達したと「信じる」ようにプログラムする、つまり因果的に決定される、ということができるだろう。しかし同様に、それとは反対のことを「信じる」ようにうまくプログラムすることもできるだろう。二千三百年も前の大昔に、エピクロスはこう述べている。「万事は必要に迫られて生じるという者は、別の者が、万事は必ずしも必要に迫られて生じるわけではないというのを非難できない。なぜなら、何かを主張することも必要に迫られて生じるということを認めなければならないからである」[3]。あるいは生物学者のJ・B・S・ハルデーンが簡潔に述べているとおりである。「もし私の心的過程がすべて脳内の原子の動きによって決定されるというなら、この私には、自分の信じていることが真理であると思う理由が何もないことになる」（ハルデーン Haldane 1927, 209）。確かに、もし私の心的過程がすべて決定されているというならば、理性に基づいて何かを信じる「私」というものは、どこにもないことになる。ほかにも多くの人がこのことを指摘している。科学哲学者のカール・ポパーもその議論の定式化をしているが（ポパーとエクルズ Popper and Eccles 1977, 76 f.）、その定式化は、この私には不必要にも、複雑にすぎるようにも思われる。そこで私には私なりのやり方で表現させてもらいたい[4]。

物理的世界が、少なくとも脳を含む身体のマクロレベルにおいては完全に決定されていると想定しよう。また事例として、因果的に決定されているのであるから、完全な決定論が通用すると信じる者の場合と、因果的に決定されているけれども、完全な決定論は通用しないと信じる者の場合とを、はっきり分けて考えてみよう。そうすると次のことが問題になる。全面的に決定されていると信じきっている点で自分たちは正しいとしている者のことを、正しいと知っているとか、正しいと理性的に信じているというふうに適切にいえるのかどうか。あるいは反対に、そのように信じきっているという点で正しいとするなら、そう信じている者のことを、知っているとか、理性的に信じていると適切にはいえないのかどうか。

　ここにどちらにも属さない未決定の観察者がいて、全面的に決定されている世界をその外部から見ているとしよう。この観察者は自由に考え、意志に注目し、証拠の重さを量って理由を考察し、そのすべてをもとに自分なりの判断をくだすことができる。この観察者は、世界が完全に決定されたシステムであること、また、この世界のなかにいる者は一人残らずその行動、思考、想像、感情、情動、白昼夢、空想、あらゆる理由づけ、判断、信仰において、完全に決定されていることを理解することができる。しかもこの観察者は、私たち地球の人間がすべて完全に決定されていることを知ってはいるが、その知り方は、私たち地球の人間がこのことを正しく信じてはいるが、このことを知らないでいるという場合の「知る」という意味で、このことを知っている。私はここで、同語反復や自分の現在の意識の直接的な内容を知るといえるだけであるというような、「知る」の理念的な意味を引き合いに出しているのではない。十分に根拠をもった、理性的な信念としての知識の日常的な意味における「知る」の意味を思い起こしているのである。したがって、もし非決定的な知的意志を含めて自由意志があるとするなら、もしくはありうるとするなら、自由な存在者は、全面的に決定されている存在者には持ちえないという意味での信念を、理性的に持つことができるようになる。そこで自由な存在者の知識をA、全面的に決定されている存在者の知識をBと名づけることにして、またそうした知識が働く状況を状態A、状態Bと名づけることにしよう。

言葉が決まったところで、以下のことを示唆したい。私たちのあいだで決定論がすべてに通用すると信じ、またそのように信じることが当然正しいと思っている人は、もしそれが正しければ、また決定状態である状態B（決定論）のなかでしか実際に機能を働かせることができない場合には、状態A（自由意志）のなかでも機能を働かせることができると、暗黙裡であれ、表明することは困難になる。これは実存的ないし行為遂行的な意味において、例えば「私はいないよ」と言うことによって生じる自己否定の立場である。というのも、だれであれ自分がいないと断定するためには、断定していることが偽でなければならないからである。同様に、状態Aにおいて――つまり自己批判的な証拠と理性に基づいた判断として――この判断を含めあらゆる判断が物理的に決定された状態B（決定論）においてだけくだされうると断定することは、行為遂行的な自己矛盾の状態をきたす。

言い換えると、決定論者と非決定論者のあいだでなされる議論は、両者が状態A（自由意志）ととるものにおいてだけ成り立ちうる。しかしここで、非決定論者が両者によって想定されているものを真であると信じているのに対して、決定論者のほうは、それを偽であり、そのため状態A（自由意志）のなかにいながら、状態Aというものがないことを知っていると主張している、ということになる。

　しかし、代案として、演繹的な推論過程を経て、正しい結論に進むようにコンピュータをプログラムできないものだろうか。また、コンピュータがおこなう論理過程よりもさらに合理的なものが別に何かないだろうか。私たちの脳はこうしたしかたで機能する生きたコンピュータではないのだろうか。これが決定論者によって、事実上、そうであると信じられている事柄である。私たちは全面的に決定されているが、そこにとどまらず、さらにコンピュータがそうであるように、真なる結論に達するようなしかたでも決定されていると決定論者はいう。

　私たちは全面的に決定されているのかもしれないと言うのはかまわない。その場合、決定論者は自分の信じている内容が真であるというかたちで決定されると言う。しかし、もしそうなら、だれ一人としてそのとおりであると知ることも、そのとおりであると理性的に信じることもできないだろう。この問題を二人のひとが論じ合っている様子は、二台のコンピュータがそれぞれ別のプログラムに従って音を立てながら動いている様子にも似ている。このとき状態A（自由意志）で操作している外部の観察者だけが、真理に達するようにプログラムされているのは、どちらのコンピュータであるのかを知っている。コンピュータの場合、状態A（自由意志）である外部の観察者がプログラマーであり、真理に達するようにプログラムするためには何が正しい推理であり、何が正確な前提であるかを知っていなければならない。もちろん、もしそのコンピュータがその前のコンピュータによって作られ、プログラムされていれば、状態A（自由意志）の観察者がその新たなコンピュータの非決定的なプログラマーである。そのようにして好きなだけさかのぼることができる。これと同じように、私たちも十分に決定されたコンピュータと見なすことができる。もしもそれぞれ異なるプログラムをインストールされた人間コンピュータがたどる結論のなかから、どれが真でどれが偽であるかを知ることができる人がいるとしたら、それは状態Ｂ（決定論）のなかにいる者ではなく、非決定の状態Ａ（自由意志）のプログラマーだけであろう。

しかし、おそらく別の可能性をためすとすれば、究極のプログラマーは自然そのものであろう。なぜなら、本当の信念が存続を助けるからである。進化を推し進める環境の力は正しくプログラムされた脳に報いる一方で、間違ってプログラムされた脳を徐々に取り除き、全体の発展が真理を発見する方向に進むようにしているのではないだろうか。状態Ａ（自由意志）の意識などは存在しないのかもしれない。たとえそうであったとしても、私たちの脳を現在のように効率的なものにさせたその全過程は、純粋に自然現象なのである。

けれども、この示唆にも問題がつきまとっている。一つはオリジナルな問題である。つまり私たちの脳が因果的に決定されている場合も含めて、もしこの理論が正しいのであれば、信じることはすべて状態Ｂ（決定論）のなかにあるのだから、私たちは状態Ａ（自由意志）のなかにあってこのことを知ることは、あるいは信じることは、できないことになるだろう。けれどもそれ以上に、なぜ真理を探究する機械は決定されないといった種全体にわたる妄想に行き着くのだろうか。その理由は、おそらく妄想が生存価値の何らかの形態を持っているからであろう。しかし、もし私たちが単純に全面的に決定されたコンピュータであるなら、妄想はどのようにして生存価値を持つことができたのだろうか。決定されていれば、私たちは定められたことをするまでであり、意識は、妄想であろうとなかろうと、何も付け加えはしない。

ただし、生物学的進化がその継続的な実験において、時には非機能的な副産物を生みだすことがあったことは確かである。そして、おそらく意識もそのうちの一つであって、三章（本書六二―六三頁）で述べた三角小間のようなものであろう。そうではあるとしても、この「おそらく」は大量の「おそらくそうではない」によって矮小化される。なぜなら、一般に進化の過程は効率的な機能を助けてきたからであり、またそれとは逆に積極的な理由がなければ、こうした仮定は意識が何らかの積極的な機能を持っているということに違いないからである。

私たちは自分が自由でなければならないし、また自由であると思っていることは明らかである。日常生活の一瞬ごとに自分は自由だと思うだけでなく、カントが指摘したように（カント Kant 1947, 116）、道徳生活のなかで善悪の倫理的判断をくだすときにも自分は自由だと思っている。決定論が道徳的な生き方を損なっているかどうかについては、延々と議論が続いている。一方では、もし宇宙が全面的に決定されたシステムであるとするなら、私たちが道徳言語を使用することや、（随伴現象的に）倫理思想を思考することは、ここに含まれることになる。けれどもその反対に、先に述べた状態A（自由意志）と状態B（決定論）の考えかたの区別を心に留めおくならば、私たちが通常、倫理的な正しさと間違い、善と悪、道徳的な責任、賞賛と非難、正義、褒賞と処罰といっした言葉で意味するものは、状態Ａ（自由意志）の観点を前提とすることになる。しかしこの場合、もし決定論が真であるとするなら、状態Ａ（自由意志）の観点は存在しないことになる。こうした意味あいにおいて、決定論は道徳性をしだいにむしばんでいくのである。

そこで私の結論はこういうことになる。すなわち物理的決定論のすべてを退けること、自由で理性的な判断と誠実な道徳的選択を容認すること、ならびに非物理的なものの存在を物理的実在と同様に容認すること、これである。そうすると、今後さらに膨大な可能性が開かれてくる。私たちの精神生活が純粋に電気化学的な神経活動ではなく、また物理的に決定された脳内での出来事の随伴現象説的な反映でもないのであれば、物理的宇宙と同様に、非物理的な実在も存在することになる。人間は物理的につくられた有機物以上のものである。そして、非物理的で超自然的な実在があるだろうということを、頭から排除することはできなくなる。その実在は、おそらく宗教が主張する、限りなく意義深いものであり、そしてまた、私たち自身の本性が有する非物理的側面に応じるものでもあるのだろう。

六章　認識論上の問題

認識論の現状

私たちはみな、私たちの感覚に絶えず影響を与える周辺世界があって、そのため、とてつもなく複雑な神経回路の絶え間のない働きを通じ、動物たちに見えているものと同じ世界に対する、一般に信頼に足る意識を、自分たちに備わっている知覚器官を通して持っていると信じ、それゆえに、この世界のうちで適切に振る舞うことができると信じている。私たちはみな、この世界があると信じているが、それでもこの信念を支える論理的な論証は一つも示せないでいる。なぜなら、どのような論証をするにしても、感覚に基づいた証拠に訴えることになり、そうすると当の証明しようとする対象の存在を想定することになって、論点の先取りをしてしまうことになるからである。首尾一貫しないこの認識論の現況は、イギリス経験論が発展していく伝統のなかでしだいに明らかにされてきた。この伝統に属する思想家たちの独創性と才能を十分に論ずることはできないとしても、まずはそれを簡潔に要約すべきであろう。

ジョン・ロック（一六三二―一七〇四）は一次性質と二次性質と名づけたものを区別し、これを定式化した。固さ、広がり（大きさ）、姿（形）、動きといった一次性質は、世界を構成する粒子の集合に属する性質である。他方、色、音、暖かさ、匂いといった二次性質は、一次性質によってもたらされる強い影響の、意識上での結果である。原子はいまや陽子、中性子、電子といったものに分解され、おそらくすべては究極的に「ひも」に分解されるだろう。また古典力学はきわめて運動量の大きいエネルギー量子を基礎とする量子力学に取って替えられている。けれども、こうしたものすべては、ロックの一次性質に対応している。なぜなら、私たちはこうしたもののいずれをも知覚するわけではなく、ただその結果だけを意識内で捉えるにすぎないからである。マクロ世界においては、何か聞こえたときの音は、聴覚における経験の原因となる音波の特性ではない。目に見えた色はその原因となる光波の特性ではない。同じように、おいしいと感じた味は口のなかの味蕾を刺激した粒子のなかにあるのではないし、感じ取られた匂いはその原因となった、大気を浮遊する化学物質のなかにあるのではない。意識する主体がなければ、色も音も匂いも味もなく、ただそうした感覚の物理的原因だけになる。

さらに一世代ほど時代が進むと、ジョージ・バークレー（一六八五―一七五三）が一次性質の世界もまた証明不可能な想定であることを指摘した。私たちは自分の意識内の内容だけを正確に知るという。それでは、どうして心的イメージを作りだす物理的世界が私たちのうちにあると想定するのだろうか。存在するものとして私たちが知るものは、すべて私たちが知覚するものである。つまり「存在するものは知覚されるもの」なのである。そして、私たちを取り巻く世界は、互いに接触しあう他人も含めて、私たちの心のうちにだけ存在するのである。もしもバークレーが私たちの知覚の連続性と整合性を神の働きのおかげにして、この状況から抜けだしていなければ、これは独我論——「自分中心主義」——となっていたであろう。バークレーは「この整合的で均等な働きは、その意志が自然の諸法則を構成するところの支配精神の善性と知恵を明白にあらわしている」と述べた（『人知原理論』一七一〇年、三十二章、イェソップ版一九四五年、四四—四五頁）。

このバークレー流の観念論は論理的に可能であり、反証はできない。けれども、その独我論的形式のゆえに、これを本気で信じる者はだれもいない。ただし、バートランド・ラッセルに手紙を出した女性を別にすれば、である。この女性はラッセルに宛てた手紙のなかで、自分は独我論者であるが、ほかに独我論者がだれもいないことに驚いたと述べていた（ラッセル Russell 1948, 180）。もっとも自分の意識だけが存在し——この考えは一人称においてだけ言表可能である——また自分が意識する物、意識する人はすべて自分の心のなかにだけ存在するというふうに考えることはできる。よく知られているように、バークレーにとって唯一の例外は神である。しかし、どうしてこの例外をつくるのか。デイビッド・ヒュームは舞台から神をはずし、議論の条件を根底から覆した。ヒュームは、私たちが外部世界の実在性を信じるのは哲学的議論の結果や正当化によるのではなく——実際にどの議論も十分とはいえない——ただ私たちの本性がそう信じるからだと主張した。

『人間本性論』（一七三九年）のなかで、「物体の存在」について議論を進め、ヒュームは次のように述べる。

自然はこれを私たちの選択にゆだねなかった。不確実な理由づけと思弁に任せるには、これはあまりにも重大であるように思えたからに違いない。「何が私たちにこの物体の存在を信じさせるのか」と問うことは十分にできるが、「物体があるかどうか」と問うことは空疎である。このことが、どの理由づけにおいても容認されなければならない要点である（第一巻、第二部、セルビービッグ〈編〉Selby-Bigge（ed.）1896, 187）。

心は自分にのしかかってきたものを単純に知覚するだけである。つまり知覚対象のほとんどは明確で抗うことのできない力とともにやってきて、私たちが「現実」ないし「世界」と呼ぶ単一次元の体系を構成する。私たちの視点からすると、世界は私たちが住む場所として知覚されるのであり、いくら哲学的に理由づけをしようとも、これを制定することも否定することもできない。私たちの感覚を信頼することは、自然的信念あるいは前哲学的常識ともいえることである。そして、この自然的信念は実際に必要であり、もしこの信念に沿って行動しなければ、長くは身がもたないことになる。

G・E・ムーア（一八七三―一九五八）は二十世紀前半のもっとも重要な哲学者の一人であるが、

この点においてはヒュームを支持し、私たちは証明できない多くのことを知っていると主張した。「常識の擁護」という有名な論文のなかで、ムーアは次のように述べている。「私は確実に次のことを知っている。現在、私の身体であるこの生きた人間の身体が存在している。この身体は過去のある時に生まれ、それ以来、変化なしに、とはいえないが、途切れることなく存在してきた。……私の身体が生まれ出るはるかに前から、地球は存在していた」（ムーア Moore 1925, 193-194）。さらに、書斎の本棚とか暖炉というありふれたものについても同じことがいえる。そして、だれにもこれと似たような知識体系が備わっている。ムーアは、私たちのだれもが共有し、共通する日常言語で表現する日常の知識は、哲学的議論の裏づけを必要とせず、また裏づけを可能ともしないと主張している。このことは二十世紀西洋哲学のまれに見る創造的な時期に、ムーアと同世代のルードウィヒ・ウィトゲンシュタインによっても主張されたことである。

　実のところ、真理を直視するという意味での「知る」という言葉の理念的（つまりプラトン的）な意味において、あるいは論理的に誤りを犯しえないような心の状態にあるとき、私たちはただ現在あるがままの意識内容と、そして（デカルトがいう心を操る「悪意に満ちた悪魔」の論理的可能性に従って）分析的真理、つまりトートロジーの真理を知るだけである。反対に、この理念的意味は、日常的に使っている「知っている」を「信じる」に還元し、「知っている」の日常的な使用を追いだしてしまう。それゆえに、たとえこの言葉の使用がプラトンのいう意味での知識の理念にはけっして達していないとしても、実用にさいしては、この言葉によって十分に正当化された信念、つまり正当に理由づけられた信念が意味されうるものだとすることが望ましい。これは次に続く議論の基底をなすことである。

「批判的信頼」の原理

ロックとバークレーに準拠し、そのため二十世紀のコモン・センス学派ないし日常言語学派の哲学者たちに支持されるヒュームは、私たちがつねに拠りどころとして生きている暗黙的な原理の定式化を可能にしてくれる。これは、とくに疑う理由がないかぎり、そこにあるように見えるものはそこに存在するものとして受け入れる、ということを指している。例えば現在の私には自分の目の前にパソコンの画面があり、使うことはできても理解しているとはいいがたいパソコン技術を使って、いま画面上に文字を打ちだそうとしているように見える。そして、そのように「見える」とは、私たちが所有するとか、必要とする、ということと、ほぼ同じである。通常、私たちは自らの経験を信頼している。また、もし信頼しなければ、一日たりとも、いや一時間たりとも生きていくことができないだろう。

しかし、これは盲目的な信頼ではなく、原理上、いつでも修正のできる批判的な信頼である(1)。もしも急に目が覚め、それが書斎にいてパソコンで仕事をしている夢であったとわかったならば、そのときにはよく思い返してみて、夢で見た経験は思い違いであった——夢は思い違いをさせるものだという特別な意味のもとで——と考えなおすだろう。このように言うとき、私は膨大な量にのぼる私自身の経験を用いているが、この経験の過程で、私は眠ることや夢を見ることに精通し、夢と現実の区別をすることができるようになる。とはいえ、目覚めているときにも、あとになってみれば、そのように見えたことが信頼のおけないものだと思うようになるという状況もある。砂漠には蜃気楼が立つ。凹面鏡や凸面鏡は姿をゆがめて映しだす。木の枝や葉っぱを木にとまっている小鳥と見誤る。こちらに向かってくる車のように聞こえた音が、実は隣の芝刈り機の音であったと気づくことなどもある。

錯覚と妄想は別物である。錯覚の例を挙げると、部屋の隅の暗がりにだれかが立っていると思ったのだが、実はこれが思い違いであったとわかる場合である。私の心は感覚に伝わってくる膨大な量の信号を絶えず無意識のうちに解釈しているが、この例の場合、暗がりの影を間違って解釈したのである。これとは対照的に妄想は、私なりの言葉遣いでいえば、外部から与えられたデータを誤って解釈するのではなく、たいていは精神や神経に関する何らかの機能不全によって引き起こされる純粋な投影である。しかも妄想を妄想であると認めるのが、妄想を抱いた当の本人ではなく他人であることが、時にはある。

そうすると、私たちが生きていくうえで拠りどころとしている暗黙の原理は、批判的信頼ということになる。私たちはこれ以外の基盤のうえでは生きていくことができないだろう。目の前に硬い壁があることを知覚しながら、その知覚を信頼しなければ、その壁にぶつかって怪我をしてしまう。

道路を走る車を知覚しながら、その知覚を信頼しなければ、その車にひかれてしまう。電話機に関する知覚を信頼しなければ、電話が使えないだろう。昼食を一緒に取ろうとしてやってきた客に関する知覚を信頼しなければ、食事の支度などしないだろう。私たちはいつも確信のもっとも基礎となる信頼をもとに生きている。そして、あらためてこれを正当化する必要性は感じていない――これまで見てきたように、どの場合も正当化はできない。それゆえ、批判的信頼は健全性の実用的な定義の一部なのである。これに欠ける人のことを私たちは不健全と見なすのである。

批判的信頼と宗教体験

では、どうしてこの「批判的信頼」の原理を、宗教体験も含めて、明らかな認知体験一般に当てはめてはいけないのだろうか。一見したところ、宗教体験は感覚的な知覚と同じくらい本物の体験のように見えるので、この原理を当てはめてもよいように思われる。超越的な神的実在などには目もくれない哲学の立場に立つ自然主義思想家たちは、ためらうことなく、この原理を受け入れたらよい。なぜなら、この原理に従えば、信頼できない理由がある場合を除いて、自らの体験を信頼することは理性的だからである。

こうした決まりは、たとえある者が宗教的覚醒の瞬間を個人的に体験したとしても、しかも熟慮の末に錯覚としてそれを退けるかもしれないとしても、維持される。なぜなら、宗教体験の場合には、自然主義的な見方からすれば、その宗教体験を信用しない正当な理由があるからだ。その「正当な理由」は、感覚的体験と宗教的体験との違いのうちに見出される。この違いは、同じ原理によっては適正にその両方の体験を包み込むことができないほど重大で、また根本的なもののように思える。では、その違いとは何か。

第一に、感覚的体験は普遍的である。人間も動物も、自分たちが住んでいる世界を知覚する。とはいえ、そこには多くの変形がある。主となる感覚は、人の場合は、通常、視覚であり、ゾウの場合は嗅覚、コウモリの場合はレーダーのようなものである。また感覚の鋭敏さは同じでないことがしばしばである。加齢とともに鈍くなる傾向にある。人によっては色盲、あるいは音痴ということもある。視覚障害者のように一つの感覚をまったく欠くこともあれば、視覚障害で聴覚障害を併せ持つ者のように、二つの感覚をまったく欠くこともある。したがって、周囲の状況を知覚する仕方には数え切れないほどの違いがあることになる。しかし、それでもやはり、私たちはみな、たとえ不完全ではあるとしても、まぎれもなく同じ世界であるものを知覚しているのである。

これとは対照的に、宗教体験のほうは、推測的、体験的に超越者を認識するという意味で、普遍的ではない。最古の人間生活の遺物には宗教的なものがあり、自然界を超自然的関係のもとで体験しようとする内在的な傾向があったことを示唆している。おそらく、これは枢軸時代以前の部族社会や国家社会に支配的に見られる特徴であったのだろう。しかし宗教の個人化にともなって、宗教体験は連帯的であると同時にしだいに個人的なものとなり、また霊的、道徳的な変容過程を経て、ついに自発的に関与するものとなった。この新しい状況の下では、きわめて少数の傑出した個人だけが、すべての時にわたって宗教的に自分の生を体験する。そのため、たまにそうした体験をする一般人の割合は、ある種の礼拝行為においてであれ、日常生活においてであれ、さまざまな文化的コンテクストのなかで大いに異なる。現代西洋の世俗社会では、およそ三分の一の人が少なくとも生涯に一度、あるいはしばしば二度以上、人間を超えた圧倒的に意味深い実在を明瞭に意識する時間、ないし瞬間があるという。また、たとえ現代の自然主義的な文化のなかで宗教的というよりは倫理的な観念で、超越的実在のインパクトを体験することがあると言い添えたとしても、他人の必要を満たしなさいという内なる呼びかけに無私の応答をすることは——幸いにも時に見かけることがある——やはり普遍的でないことも事実である。

このことは、超越者の存在に気づくことが強制的ではないという事実に関連している。私たちは物理的世界を知覚しないではいられない。その存在が絶えず私たちに押しかけてくるのである。しかし、感覚的体験が強制的であるのに対して、宗教的体験のほうは強制的ではない。

第二に、感覚的体験は世界中どこでも、またどんな時代でも、ほとんど一様である。とはいえ、全体としては、先に述べたような生理的な違いのゆえに、また環境を察知する情緒的次元——よそ者には怖いと思わせるジャングルも、そこに住む者には勝手の知れた我が家である——に影響すると考えられる地理的・気候的因子による文化的多様性のゆえに、必ずしも一様とはいえないこともある。もっとも、だれにとってもジャングルはジャングルであることに変わりはない。そして、だれもが同じ一つの世界に住んでいるのであるから、基本的にはだれでも同じしかたで経験するように強いられる。これとは対照的に、宗教体験は宗教概念によって構成された体験という意味において、世界各地で、また長い時代を通じて、さまざまに異なる宗教文化のなかで、さまざまな形態をとっている。それは崇高なもの、ばかげたもの、特有のもの、また明らかに悪なるものまで含んでいる。さらに、そこに含まれるのは、優しく恵み深く格段に偉大なる実在との一体感、殺人や集団虐殺にまで及ぶ行為を、復讐神から命じられているとする召命感、万物を愛する神の臨在感、飾りつけられた教会における礼拝の美しさと荘厳さのなかでの、あるいはクエーカー教徒の期待にあふれた沈黙礼拝のなかでの、あの高揚感、地獄の思想によってもたらされる恐怖感、臨死体験における「光の存在」との遭遇、瞑想によって他者への自己開放から得られる恐怖や不安からの解放感、愛と哀れみを生みだすしかたで世界を神性に満ち満ちたものと見る世界感覚、等々、ほとんど際限なく続く。

どうしてこういう体験が感覚体験と調和して両立しうるのだろうか。人間の感覚体験の対象は、時代や地域を越えて、同一の物理的世界である。ところが人間の宗教体験の対象のほうは、時代や地域を超えていつも同一の、想定された、聖なるあるいは神的な実在ではない（「想定された」とか「推定上の」という言葉を付け加えるのはわずらわしいが、それでもそれぞれの例にそれが当てはまる）。それは相互に矛盾しあう山のような報告であるから、一つの宗教体験が純正に超越的実在を認識したものであるとするなら、そのほかのすべて、ないしはほとんどすべての体験が純正ではないことになる。もし超越者が自分自身を除くほかのすべてのものを創造した神的な位格であるなら、どうしてそのものが超個のブラフマン（大我）やダルマカーヤ（法身）でもありうるだろうか。もし非有神論的な仏教の体験が純正であるなら、どのようにして神の臨在に居合わせる有神論的体験が純正でありうるだろうか。もし神がユダヤ教やイスラム教が断言するように厳密に一なるものであるなら、どのようにして神がキリスト教のいうように三位一体でありうるだろうか。そうであるならば、それぞれの尊い宗教体験の形態はどのようにしてすべて妥当なものでありうるだろうか。

違いと矛盾

同じ宗教のなかでさえ、時期が違っていても同じであっても、結局は矛盾に帰するような違いがいくつも見られる。

一口にキリスト教といっても、ローマカトリック教会、改革派教会、プロテスタント教会、ギリシア正教会という区分がある。さらに基本的な例でいえば、ヨーロッパの中世初期においては、神は地獄で終りのない責め苦を負わせる恐ろしい存在で、人を怯えさせる力を持つと考えられ、体験されていた。この責め苦は洗礼を受けていないすべての非キリスト教徒だけでなく、キリスト教世界において告解しないでいる者や教会による赦免を受けていない罪人にも課せられる運命と信じられていた。そして病気や災害、旱魃や洪水、戦争や略奪などによる多くの苦しみがあったので、これは人びとに対する神の大いなる怒りであるにちがいないと思われていた。慈悲を願う先は、神でもキリストでもなかった。どちらも最後の審判の日に厳しい判決をくだそうとして待ち構えている裁判官であった。人びとが頼りにしたのは聖母マリアやその土地の聖人であった。[2] 神は愛であるか、イエスは愛の化身であるといった思想が広く再発見されたのは、ようやく十三世紀か十四世紀になってからのことである。地獄を脅し文句にして迫る恐ろしい神は、十世紀の教会が生みだした宗教体験であり、ノリッジのジュリアン（一三四二―一四？？）のような神秘家による神の愛という喜ばしい体験とはまったく異なっていた。ジュリアンが生き生きと体験した幻視や幻聴は、彼女にとっては愛の啓示を意味していた。「このことで主の思いを知りたいと願うなら、よく聞きなさい。主の思いは愛です。何がそれを明かしたかというと、それは愛です。主は何をあなたに明かしたかというと、それは愛です。主はなぜそれをあなたに明かしたかというと、それは愛のためです」（ノリッジのジュリアン Julian of Norwich 1978. 342. 長文テキスト第八六章）。とはいえ、今日なお「神は愛である」と説くキリスト教とならんで、またそれとの緊張関係のなかで、「業火の苦しみ」を説くキリスト教原理主義者の強力な流れが残っている。

現在のユダヤ教では、正統派と改革派のあいだに分裂がある。また、聖典に戻ってみると、ユダヤ教の神概念には無視できない発展がある。トーラーによると、強暴な部族神である神はイスラエル人にこう命じたという。「行ってアマレク人を打ちのめせ。彼らの持ち物を残らず打ち壊せ。情けをかけず、男も女も子どもも乳飲み子も牛も羊もラクダもロバも打ち殺せ」（サムエル記上、一五章三節)。また、あるときは太陽を一日中停止させて、アモリ人を殺すのに十分な時間が得られるようにした(ヨシュア記、一〇章一二―一四節)。こうした物語の背後にある宗教体験の様子は、神について語る詩篇作者の宗教体験とは大いに異なる。「主は憐れみ深く、恵みに富み、怒るのに忍耐強く、慈しみは大きい」(詩篇、一〇三編八節)。そこで「父がその子を憐れむように、主は主を畏れる人を憐れんでくださる。主は私たちをどのように造るべきか知っておられた。私たちが塵にすぎないことを、御心に留めておられる」(詩篇、一〇三編一三―一四節)となる。両方のタイプの神についての記述は、ほかにも数え切れないほどのテキストのなかにある。聖書以後のラビによるユダヤ教は、よりいっそう人間の伝統に大きく従うものであった。宗教体験に根ざした自分たちの歴史に対するヘブライ人の意識は、人によって、またその歴史のさまざまな局面によって、大いに違ったものであったに違いない。

イスラム教においては、スンニ派とシーア派のあいだに分裂がある。またコーランにおいても分裂があり、一方では戦争においてイスラム教徒を助けようとして介入する神のことを語る文言がある。「まさしく神は、さまざまな機会において、またフナインの戦いのさなかにおいてさえお前たちを助けた。……不信心者たちを懲らしめるために見えない軍隊を送り込んだ。これは信じない者に対する報いである」(コーラン 9.25-26)。また他方では、以下のように非イスラム教徒に同等の敬意を払うくだりもある。

我々はお前たち一人ひとりに生きる道と生き方を与えた。神の心に適えば、神は必ずお前たちを一つの民にされたであろう（信仰告白）。しかし神は与えたものでお前たちを試みることを望まれた。だから善き行為に抜き出るがよい。最後にお前たちは神にすべてを返すが、そのとき神は何が不足しているかをお前たちに伝えるであろう（コーラン 5.48）。

ほかにも宗教体験のさまざまな形態を表現し、またこれを喚起させようとする両方の種類の文言が無数にある。

イスラム文化においては、神の絶対的超越に焦点を合わせ、礼拝の儀礼やシャリーア（イスラム法）の遵守のなかに天国と地獄の実在感を強力に表現する「主流派」のイスラム教と、そして「私たちは人を創造した……、私たちは当人の頸静脈よりも当人の近くにいる」（コーラン 50.16）という理由で、神の（超越性とともに）内在性にも焦点を合わせる、いっそう神秘的なスーフィ（イスラム神秘主義）とのあいだでも、矛盾といえるまでの違いがある。イスラム教のこのスーフィの形態のなかでは、神は「人の魂のなかにも、また時空の秩序のなかにも内在している」（ヤラン Yaran 2003, 5）。そして人間に対する神の愛に、またこれに応える人間の、神に対する愛に、より大きな力点が置かれている。これは女性神秘家ラビア（西暦八世紀）の有名な言葉のうちに見られる。「神よ、この私が地獄を恐れてあなたを崇拝するなら、地獄でこの身を焼き滅ぼしてください。天国を望んであなたを崇拝するなら、天国から私を追いだしてください。けれども、あなたのためだけに崇拝するなら、あなたの尽きせぬ美しさを私から取り去らないでください」（ニコルソン Nicholson 1979, 115）。

スーフィの導師たちが求めた神秘的合一は、おそらくほかの一神教における合一体験のようにまれな体験であろう。またそれは、イスラム教におけるさらに「通常の」宗教体験の形態と、そして神秘家による宗教体験の形態との違いを誇張しないためのものである――というのも、スーフィの影響は支配的ではないものの、さまざまな程度において世界中に広がっているからである。具体的にはインド、パキスタン、バングラディシュ、マレーシア、トルコ、北アフリカ、サハラ以南のアフリカおよびイランである（グリーブス Greaves 2001, 15–17）。私たちは、異なるときに、異なる程度に、異なるイスラム教徒によって体験されている、神の臨在感に注意しなければならない。そうした臨在感は日々の祈とう、とりわけモスクでの正午の祈とうにおける自然の規則性と複雑さに対する驚きのうちに、また或る意味では、「これが神の御業であった」という幸運と癒しの瞬間において、そして多くの者が報告しているメッカ巡礼にともなう深遠な霊的体験において、見出される。通常イスラム教徒は「宗教体験」を語らないが、彼らなりのかたちで体験を享受している。それはキリスト教徒の宗教体験と本質的にほぼ同じであるが、そのすべてにおいて感覚体験と宗教体験とを区別する変種の事例を、私たちはこれまでいろいろと見てきた。

西洋がヒンドゥー教と名づけたものに目を転ずれば、こうした事例の発見はなおも続く。ヒンドゥー教はインドの宗教的生活における多くの異なる潮流から構成されており、異なる宗教体験の慣行を広く受け入れている。それは地元の神に対する村の礼拝から、これと結びついたヴィシュヌ神やシヴァ神に対する、より包括的な礼拝、さらには不二一元論的な神秘主義者たちの一体的な体験にまで広がる。

しかし男神のシヴァ神やヴィシュヌ神の崇拝者、またカーリー神やドゥルガー神のような女神の現れである偉大な女神デヴィ神の崇拝者は、どれが本当の神であるかということについて争わない。なぜなら、こうした神はすべて「無相」の、あるいは言語に絶した究極的な実在であるブラフマンの現れであるからだ。このように多様性がすこぶる多いものの、ヒンドゥー教内では、「西洋の」宗教内ほどには内在的な矛盾が少ない。

仏教内部にもマハーヤーナ（大乗）とテーラワーダ（小乗あるいは上座部）の区分がある。ところが、チベット仏教、禅仏教、上座部仏教のあいだで瞑想方法に違いがあるにもかかわらず、体験として得られるものは本質的に同じであって、一神論の内部で見られるような問題は生じない。つまり内在的な緊張と矛盾は、「西洋の」一神教におけるよりも大きくはないのである。

しかし宗教をグローバルに理解するとき、多様性がリアルな問題となる。そして宗教体験が強制的でなく、普遍的でも一様でもないのに対して、感覚体験のほうは強制的であり、そのため普遍的でグローバルに一様であるという事実が、「批判的信頼」の原理をこのどちらにも当てはめることはできないという結論への強烈な賛成議論を構成する。

あるいは、当てはめることができるのだろうか。それは次章で検討すべき問いである。

七章　認識論的解決

経験するとは解釈すること

認識論では、世界についての意識的経験と意識される世界とのあいだの関係に関して、三つの主要な立場――それぞれのなかで、またさまざまな説明がおこなわれる――を区別している。

一つは素朴実在論である。これは、私たちの身の周りの世界はそのあるがままの姿であるように思えるとする、日常的で自然な想定である。すべての実際的な目的のためにはこれで何の支障もない。というのも、進化するにつれ、私たち人間の感覚は、生存と繁栄のために気づく必要のある全環境の側面だけを看破するように、絶えず調整されてきたからである。しかし私たちが経験する世界は、実際には科学によって発見される全体のうちのほんの僅かな部分でしかない。例えば音域についていえば、私たちはほんの僅かな範囲の音しか聞いていない――ある動物は私たち人間の耳には聞こえない高音を聞き取ることができる。あるいは、宇宙線の電磁波スペクトルは四〇〇億分の一インチという短い波長から一八マイルという長い波長にいたるまで、さまざまな信号を含んでいるが、人間の感覚では、一六〇〇万分の一インチから三二〇〇万分の一インチのあいだにある可視光線しか捉えられない。あるいは、自然環境のなかに含まれる化学物質にいたっては、私たちにはそのほとんどの物質の違いが感じられない。木造りのテーブルにはそれ特有の肌触りと匂いがするが、私たちはそのテーブルを固くて、立体的で、重くて、広がりがあり、安定していて、色のついた一つの対象物として経験する。ところが、物理学者にとっては、それは重さも、色も、音も、匂いも、定位置さえも持たない何億という分子が、定常的に高速で運動している、ほとんど空っぽの空間である。しかし、もし私たちがこうしたミクロのレベルでテーブルを知覚したなら、そのテーブルに関してどのような働きかけも反応も起こすことはできないだろう。私たちはマクロ〔極大〕とミクロ〔極小〕の尺度のなかで先天的に受け継いだ私たちのニッチ〔適所〕のために、またそのニッチによって形成される私たち生命体として、その私たちの必要に応えてくれる様態のもとで、そのテーブルを意識するのである。

素朴実在論に真っ向から対立するのが「観念論」である。これは、知覚された世界は私たちの意識のなかにだけある――、より正確には私の意識のなかにだけある――、なぜなら私が交互作用する他者は、私の知覚世界の一部でもあるからだ、と主張する立場である。これはジョージ・バークレーによって提示されたものとして、前章ですでに触れた。ただし、ここで注意すべきは、バークレーが自然の理法と呼ばれる正規の方法で、私たちに知覚能力を与えてくれる神の独立存在を認めることにより、この独我論的な結論を回避していることである。もしそうでなければ、独我論は信じがたいものであるとともに、反駁することもできないものになるだろう。

三つ目の、中間に立つ立場は、批判的実在論である。その基本原理は近代哲学に最大の影響を及ぼしたイマニエル・カント（一七二四―一八〇四）にまでさかのぼる。カント以前にも類似の考えは多くあったが、その内容を体系的な方法で明らかにしたのはカントであった。カント哲学は、その大部分が構成的に統合されてはいるが、とてつもなく複雑である。そして、ところどころに多様な解釈を迎え入れている。しかしカントは、私たちを超える実在、私たちから独立して存在する実在というものを容認した。けれども、実在はそれ自体では意識されず、観察もされないと論じた。それは、ただ人間精神の生得的構造としてのみ、その実在からのインパクト（衝撃）を、現象界のかたちをとって、意識にもたらすことができる。そこで私たちは各自の認知的感官によって、また意識の諸形式と諸カテゴリーによって、私たちに現れるままのものとして世界を意識するのである。ひとりの哲学者が次のように述べている。

経験のネットワークのなかで事物を捉えるというメタファー（隠喩）で考えるなら、思考のカテゴリーはネットの網目のことになる。その網目にかかったものだけが思考の対象として利用可能となる。網目をかいくぐって抜け出るものは、どれも拾いあげられない。また、ネットの外側にあるものは何であれ、思考の対象とはならない（マギー Magee 1997, 182）。

「批判的実在論」というのは、二十世紀のアメリカの哲学者によって生みだされた言葉であるが、これは世界が存在すると気づくことに心が創造的に寄与することを認める一方、その世界が私たちからは独立して存在するという実在論的な主張を表明する。以来、この主張は十分に確証され、認知心理学や知識社会学において長く認められてきた(1)。

さて、経験するとは解釈することであるというとき、私は「解釈する」という言葉を、聖書解釈でいうテキストの解釈（つまり、聖書学者が専門語でいう聖書解釈学）の意味で使うのではなく、環境が私たちの感覚にもたらすインパクト（衝撃）をつねに私たちは解釈しているという意味で使う。また「意味」という言葉を、（その多くの意味のうちでも、とくに）私たちが目的にかなった行動や対応ができるように仕向ける事態の特質という意味で使う。ウィリアム・ジェームズが「とんでもない雑音の混乱」と呼んだものは、私たちには何の意味も持たないだろうが、意識的に経験するものとしての世界は意味を持つ。つまり私たちはともに感覚によって選択された環境の断片的側面を統合することで、この意味を見出し付与するのである。意味の基本構造（カントはこれを空間と時間という形式、それに実体というカテゴリー、つまり物性および因果性と同定した）は世界の一部として私たち人間の本性に統合されている。しかし意味に関するさらに進んだ、また「さらに高度」なレベルは、文化に根ざした創造的な構想力によって造られる。

これはルードウィヒ・ウィトゲンシュタイン（一八八九—一九五一）の「何かを何かとして見る」と呼んだものによって、わかりやすく説明することができる。ウィトゲンシュタインはジャストローのウサギとアヒルのだまし絵を用いて紹介した。この絵は左を向いたアヒルの頭としても、右を向いたウサギの頭としても見ることができる。このとき意識は両者のあいだを行き来している。ほかにも、もっと込み入っただまし絵がある。例えば点で散りばめた紙面に、突如として人の顔の輪郭が現れる等々。ウィトゲンシュタインがいうように、私たちは「それを解釈しながら見ている」のである（ウィトゲンシュタイン Wittgenstein 1953, 193）。「何かを何かとして見る」は、私たちが日常生活のなかでいつもするように、すべての感覚を一つに合わせて使うときの「何かを何かとして経験する」にまで、ただちに拡張することができる。ウィトゲンシュタインは日常的な言葉遣いを厳密にたどる立場をとったので、ここまでの拡張はしなかった。ウィトゲンシュタインは「いま彼はジャストローの絵をアヒルとして見ている」ということは意味をなすが、食卓に置かれたナイフとフォークを見て「いま私はこれをナイフとフォークとして見ている」とはいわないだろう、なぜなら、そう見る以外の見方はないからである、と指摘する。ウィトゲンシュタインがいうように、「食事に使う金物として承知しているものをわざわざ金物と思うことはない」（同書、195）。しかし、この点でウィトゲンシュタインは誤っていると私は考える。なるほど、これは私たちの文化においてて食卓用のナイフとフォークであると了解する唯一の方法であるが、もし石器時代の人をタイムマシンで連れてきたとしたら、その人は、私たちにはナイフとフォークであるものを、同じくナイフとフォークとして見ることはしないだろう。石器時代の人は、机や椅子、皿やグラス、台所や食堂、家並みや街路、工場や商店などを含む、よりいっそう広い文化的コンテクストに不可欠な諸々の概念を持っていない。したがって、食卓に置かれているものをマナ（精霊）に満ちた、触れてはならない、神聖な光り輝くものとして、あるいは小型の武器として、あるいは崇められたり、宥められたりする神々として、あるいは現代人の私たちには思いもつかない別の方法で見るかもしれない。いずれにしても、そこにあるものを私たち現代人がナイフとフォークという言葉で意味するものとしては見ないだろう。

したがって「何かを何かとして経験する」とは、何かを認識するときに、そのものに関連した適切な行動がとれる――この場合はナイフとフォークを、食事をとることの助けとして使用する――という意味で意味づけをするということである。また、ある状況をあれこれの特別な状況として経験することは、その状況のなかで（私たちがそうだと考える）適切な方法で行動することができるという意味を持つものとして認識することである。

ナイフやフォークなどを見ることにとどまらず、私たちが意識的に経験することのすべては「何かを何かとして経験する」のである。そのさい、私たちは世界が私たちに見せるその姿のうちに意味を見つけようとして、概念的な方策を駆使する。例えば山、雨、木、大地というような概念のいくつかは、現代人と同様に石器時代の人にも有効で、ほぼだれにでも共通する。けれども、ほかの大部分の概念は人間の文化的発展を契機に生じたものであり、また、その文化的発展の一部分でもある。そして人間のあり方はさまざまで、そのあり方は何世紀にもわたって形成されてきた偉大な文化の流れでもある。カントが同定したグローバルな操作的概念のほかにも、ある文化に特有な概念というものがある。

意味のレベル

食卓に置かれたものを、食事をするために使うナイフとフォークとして見ることは、私たちにとって経験的な、あるいはごく自然な意味の事例である。個々のモノは別々にあるけれども、それ以外のモノとの関係で、そうしたモノが通常はさらに大きな状況――食事というさらに大きな状況――のなかの要素として経験される。通常、私たちは状況という意味のレベルで生活している。いま、目の前にあるコンピュータを私が使うということには、著作に従事するという意識が含まれる。さらに、そこには順に、書籍、印刷、出版社、読者、図書館等々を含む社会の一部であるという意識が含まれている。このように、安定してはいるが絶えず変化する意味の広がりの輪のなかで私たちは生きている。

この変化してやまない世界のなかで、私たちはさまざまに異なる意味の階層ないしレベル――この二語は同意語として使う――があることに気づく。経験的な状況には、私たちが道徳的な意味を意識するような、さらに高度な意味のレベルがあるかもしれない。例えば私の目の前でだれかがよろめいて倒れたとしよう。この人は心臓発作か脳卒中か、あるいは脚か背骨の神経の異常で倒れたのかもしれない。この状況のあるがままの意味は、地面に人のからだが横たわっているという、ただそれだけの事実である。しかし、できるならこの人を助けてあげたいという気持ちになる。実際に行動を起こすかどうかは別として、だれにも共通な親切心から生じる何らかの道徳的責任を感じる。というのも、倫理的意味は本来的に社会的であって、他人との関係にかかわるからである。これは多くの経験的状況に見られる、さらに高度の意味の階層である。これはまた、経験的な意味を想定しているという意味において「より高度な」意味のレベルである。なぜなら、この種のより高度な意味を持つものとして経験される経験的状況がなくては、倫理的な意味はまったく無いように思えるからである。（とはいえ、何らかの理由で自分の置かれた状況での道徳的意味にまったく気づかないでいるという点で欠陥がある人、あるいは道徳観念というものには一向に頓着しない人もいるようである。しかし幸いにも、こうした人はまれに見る例外である）。

宗教との関係では、経験的状況に付随するもう一つ別の意味のレベルがある。この状況には、倫理的な意味があるときと、無いときの両方の場合があるが、通常、どちらも体験者の生活の場においては一体化している。ここでは物理的な状況が宗教的意味を持つものとして経験されるという場合の、自然神秘主義の形態に関してだけ述べることにする。例えば、

私は低いがけの端にいて、海へ続く小さな谷を見おろしていました。午後の遅い時間で、もう夕方に近いころで、空には鳥が急降下しながら舞っていました。おそらくツバメでしょう。突然、心が何かを「感じ」ました。ギア・チェンジをしたように、物事が違ったふうに見えだし

たのです。鳥や辺りのものはそのままに見えているのに、私がそうしたものを立って見ていないのです。私は鳥や辺りのものと一体であり、海や鳥や辺りのものが、即この私でした。私は海であり、海鳴りであり、草であり、空でもあったのです。私はあらゆるものとまったく一つになりました。それはこの上なく平和で「正しい」感じでした。そして、すべて生じたものには理由がある、十分な理由がある、ちょうどレンガ造りのアーチがレンガの積上げと隅石のはめ込みと全部がそこに一体となってあるように、すべてのものが調和して一つになっていると微塵も疑うことなく了解しました。すべてがそのままで正しかったのです（マクスウェルとツーディン Maxwell and Tschudin 1990, 47）。

体験者（三十代女性）は、もちろん陸、海、鳥の存在を意識していた。しかし同時に、周辺の世界とつながっているという感覚と、またあらゆるものには目的があり「正しさ」があるという感覚から成り立つ、さらなる意味の次元までも意識していたのである。有神論的な言葉に置き換えるなら、それはすべてを包み込む神が目的をもって臨在しているという感覚、ということになるだろう。あるいは仏教の言葉に置き換えるなら、それは私たち自身を含む万物の究極的本性である仏性が遍《あまね》く実在しているという感覚、ということになるだろう。この体験そのものは、そのとき限りのものであるから、何の倫理的意味も持たない。しかし、この女性の基本的な性格に及ぼす影響の面からみれば、この体験は同じ世界に生き、またその世界の「正しさ」を共有する者である他者に対して、愛と慈しみの態度をとる方向へと、彼女に影響を与えたことは否めないだろう。

体験的な状況が持つ宗教的な意味は、往々にしてそうした状況の道徳的な意義の上に重ね合わされた、さらなる「階層」でもある。ところが、この二つの階層が一つになる場合がある。それは個別の社会的な出来事の持つ宗教的な意味が意識されるとき、あるいはそうした出来事の周辺で展開されている、よりいっそう広範囲な歴史の持つ宗教的な意味が意識されるとき、もしくはすでにそれ自身の道徳的な性格を有する状況のなかで、一定のしかたで振る舞うべきとする要請が意識されるときのいずれかである。例えば大英帝国における奴隷制の廃止は、一六八八年に奴隷制を非としたアメリカ・ペンシルベニア州のクエーカー教徒の宗教的な基盤に端を発するものであった。また、アパルトヘイト（人種差別政策）に反対したデズモンド・ツツ主教（のちに大主教）に率いられた南アフリカの教会指導者たちは、すべてキリスト教の価値観と全面的に対立する悪の体制に反抗する宗教的な使命を自覚していた。いずれの場合も、純粋に道徳的な要請（例えばアパルトヘイト時代の南アフリカでは、無神論者である共産主義者たちにも等しく自覚されていた道徳的な要請）が、宗教的な要請によって取って替えられたのではなく、さらなる次元の意味によるものであった。このさらなる次元は、それを経験した者にとって、広がりゆく意味の輪としての究極的地平であった。

認知の自由度

意味のレベルの階層性は、認知の自由度の階層性と関連している。すでに見たように、周辺の物理的環境を意識するとき、私たちは最小限の自由を手にしている。外部環境は自らを押しつけてくるが、これを完全に無視するなら――幸いにもそれはできないのであるが――環境はすぐさま私たちの存在を消し去るだろう。

状況が帯びる倫理的な意義を自覚する場合、私たちはより大きな自由度を手にしている。人間であるとは、自分たちの行動に向けられた道徳的な要求――基本的には、気まぐれに他者を傷つけることなく、自分たちと同じ基本的価値を持つ人間の仲間として生き物を扱うこと――に従って生きる主体であるということを、多くの生き物の状況のなかで看取する能力を発展させていくことをいう。通常は、なすべきことより、なしてはならないことを看取するほうが容易である。とはいえ、私たち人間は道徳的責任感の目覚めを避けるという、人間に特有の能力も備えている。この人を助ける、この悪を正す、自分には好都合だが他人には不公平で損害を与えるような行為はしないなどの責任があることに、私たちはいやいやながら気づかされる、あるいはいやいやながら気づかされるおそれがある。しかし、私たちは状況を見直す、状況に別の光を当てる、ほかの面には目を閉じて一つの面だけを見ようとする。つまり、本当は、道徳的に自分はこの状況にかかわっていないとか、この状況はだれか別の人の間違いによるもので、自分にできることは何もないのだと、自分に言い聞かせる。このように状況を再観念化し、その状況を別名で呼ぶことがしばしばである。これは軍事用語でもっともあからさまにおこなわれる。将軍たちは、戦闘で若者が何人死んだかと問うかわりに、死体は何体かと尋ねる。戦闘に関係のない市民が死んだ場合は、巻き添えの被害であるという。たまたま味方や同盟軍による爆弾や射撃を受けたときは、友軍射撃だ、などという。要するに道徳的な自由を行使するとき、私たちは個別的、全体的を問わず、自己欺瞞という驚くべき能力を発揮するのである。

これが宗教的な意義となると、認知の自由度はさらに大きくなる。世界中のどの信仰も、神的実在は認知を強要せず、私たちが自発的な応答をするための余地を残してくれていると教える。一方、私たちの本性には生来的に応答できる側面ないし特質が備わっている。この本性をキリスト教では、私たちに内在する神の似像、つまり「だれにも備わった神の姿」という言葉で表わす。ユダヤ教では「人の魂の深みにおける神の生命の着床」という意味で神の内在ということを表わす（ジェイコブズ Jacobs 1973, 63）。イスラム教では「アッラーは頸静脈よりもいっそう近くにいる」（コーラン 50.16）という事実で表わす。ヒンドゥー教では、私たちの存在の深みにおいて私たちのすべてと一如であるアートマン（真我）という言葉で、仏教では偏在的な仏性という言葉で表わす。しかし他方、超越者は私たちのこの能力の自発的な行使によってのみ把握される。というのは、究極者は私たちから認識的距離をおいて存在しているからで、そのことが人間の（限定的な）自律を可能にし、またそのおかげで私たちは責任を負う個々の人格として存在するのである。

一神教の場合は、最初にこう考えるとよい。[2] もし神の近くに自由に歩み寄ることができるなら、はじめに神は私たちから離れた距離に――空間的な距離ではなく、意識の次元における距離に――存在しているにちがいない。もしも意識的段階が進んで、無限の知識と力、無限の善性と愛、さらには正義と公正である神――私たちを知り尽くしていて、どのような行為、思考、感情、想像、幻想も隠しだてのできない神――の現前で自己発見したならば、私たちはこの神との関係では真の道徳的自由を持ちえないだろう。その自由を私たちに与えるためには、神は「背後に立つ」――マルティン・ルターの有名な言葉でいえば「隠れた神」――でなければならない。多くのキリスト教思想家はこのことを十分に心得ている。パスカル（一六二三―一六六二）はそれをとくに雄弁に語った。

それゆえ、神が明らかに神的な方法で、また、すべての人を完全に納得させうるような仕方で現れるのは、正しいことではなかった。しかし、神が、心から神を求めている人びとにも知られることができないほど隠れた仕方で来ることも、また正しいことではなかった。そこで、神は人びとに神自身を完全に認識させようと意志したのである。それゆえ、神は心の底から神を求める者にはあからさまに現れようと意志したので、神を求める者には神が見えるように神自身のしるしを与え、そうでない者には与えないように、神は神についての認識を調節したのである。神を求めることのみ欲する人びとにとっては十分な光があり、それとは反対の気質を持つ人びとにとっては十分な暗さがある（パスカル Pascal 1947, 119.『パンセ』no. 430）。

パスカルがここで述べているように、また厳格なカルヴァン主義の伝統に従う多くの人たちによるならば、神の臨在に対して多くの人の目を閉ざすことは罪である。しかし、さらに人間的な状況理解というものもある。十二世紀のサンヴィクトールのヒューは、次のように書いている。

隠れているとはいえ、まったく秘匿されているとか、まったく知られないとかにはならないよう、神は神自身の姿を現す必要があった。また、ある程度は示され、知られるとしても、まったくあからさまにされることのないように、神自身の姿を隠す必要があった。それゆえ、知られることを通して人の心を育む何ものかがなくてはならないであろうし、隠されることを通して人の心を励ます何ものかもまた、なくてはならないであろう（サンヴィクトールのヒュー Hugh of St Victor 1951, 42）。

あるいは、十三世紀のイスラム神秘家イブン・アタ・イラーは「ただその顕現が強烈であるがゆえにアッラーは隠れたまい、ただその光が崇高であるがゆえにアッラーは視力を遮りたまう」と言う（イブン・アタ・イラー Ibn'Ata'Illah 1978, 88）。また二十世紀の神学者ジョン・オーマンは「超自然的環境の特異性は、私たちがそれを自分自身のものと見なして選び取らない限り、そのなかに入ってはいかれないという点にある」と見事に表現している（オーマン Oman, 1931, 309）。

オーマンによる認識的距離（オーマンの使った言葉ではないが）という観念の定式化は、有神論的（神を立てる）宗教と無神論的（神を立てない）宗教とのあいだのギャップを、どちらにも等しく同じ原理を当てはめることによって橋渡しする。というのは、もし究極的実在が無限の位格――つまり、無限の三位一体者――ではなく、「無相の」ないしは「言語に絶する」ブラフマン（梵）、あるいは法身（ダルマカーヤ）／涅槃（ニルヴァーナ）／仏性（仏の本性）、あるいは道（タオ）であるなら、私たちはその実在に目覚めるようになるために、ゆったりとその普遍的臨在に向けて心を開いていかなければならない。ヒンドゥー教徒であれば、行為（カルマ）、智慧（イナナ）、献身（バクティ）のいずれか一つの道（ヨガ）に従わなければならない。仏教徒であれば、八正道（八種の実践徳目）に従わなければならない。そこには正しい倫理的行為、正しい精神修養、憎しみ・ねたみ・非寛容という負の感情を避けること、慈悲（メッタ）や慈愛（カルナ）という積極的な態度を実現することなどが含まれている。そして道教を目指す者は、（これは文章では正しく表現しづらいが）補完的な流れをともなう宇宙の「流れ」に目覚め、いずれ調和をもたらすものとしての、不作為による作為をなしつつ、種々の違いを尊重することを学ばなければならない。

そうすることで、神を立てない偉大な宗教伝統のいずれにおいても、一神教の宗教の場合のように、慎重な努力（道教の場合は逆説的に、努力なしの努力といわれるもの）が必要とされる。超自然的な環境は、それが人格神として体験されようが、あるいは人格を超えた実在として体験されようが、いつでも、またどこででも、受け入れられるものであるが、しかし私たちの意識に押しつけられるものではない。

これが、宗教の立場から見たときに、超越者の体験が普遍的でもなく一様でもない理由である。どの時代にも普遍的でないのは、これがどの人に対しても強制されたり、押しつけられたりするものではないからである。また、世界中で一様でないのは、純正な宗教体験の形態に及ぼす人間の寄与が地球上の異なる文化や伝統のなかで、さまざまに異なるからである。

そこで、私の結論は次のようになる。感覚体験と宗教体験のあいだの明確な違いは、後者を妄想として排除するための妥当な理由を構成するものではない。宗教経験を超越者についての明らかな認識であると信じる者にとっては、自然界のうちに物理的存在として生きていながら、同時に超越的にして内在的な実在との関係においても生きていると信じ、またその信念に自らの生を基礎づけることはまったく合理的であり、理性的であり、良識的なことでもある。そして、この超越的にして内在的な実在の現存は、私たちが行為をなし、また私たちに生じる、すべてのことについての私たちにとっての意味を変化させるのである。

八章　何か特定の宗教でもあるのか

どの宗教にするか

およそ九八パーセントあるいはそれ以上の事例で、人が信奉する宗教（あるいは反抗する宗教）は、その人が生まれた場所によって決まる。アメリカ、イギリス、ウガンダ、ブラジル、あるいはほかのどの国であれ、キリスト教徒の家に生まれた者は、（熱心であるか、名ばかりであるかはともかく）イスラム教徒やヒンドゥー教徒になるよりも、キリスト教徒になるのがきわめて普通である。エジプト、インドネシア、パキスタン、イラン、トルコ、あるいはほかのどの国であれ、イスラム教徒の家に生まれた者は、（同じく熱心であるか、名ばかりであるかはともかく）ヒンドゥー教徒や仏教徒やキリスト教徒になるよりも、イスラム教徒になるのがきわめて普通である。仏教徒やシーク教徒の家に生まれた者は、仏教徒やシーク教徒になるのが普通であり、世界中のどこにおいてもそうなっている。

もちろん自分が生まれついた信仰に満足できなくて、あるいは別の信仰にひかれて、一つの信仰から別の信仰に自分からすすんで改宗する者はいる。こういうことはあらゆる方面において生じるが、いったん生じたとなれば、私たちにできることは、その動きが正しかったと認めることだけである。とはいえ、こうしたことは、同じ伝統内で世代から世代へと信仰が大規模に伝えられていくことに比べれば、統計的にはそんなに意味のあることではない。

キリスト教がローマ帝国の公認の宗教となったあとで、あるいは十六世紀の宗教改革のあとで、よく起きたことであるが、領主が領民の宗教を決めた時代には集団で改宗することもあった。領主がカトリックかプロテスタントのどちらかを選んだときには、領民は自動的に含み込まれた。二十世紀にヒンドゥー教のインドでは、アウトカースト、不可触賤民、被抑圧階級者たち、つまりガンディーの命名によるハリジャン（神の子ら）――現在はダリットという――はB・R・アンベードカル博士の指導下にあった。博士はカースト制度による差別撤廃を含めて、インド国憲法の草案作成に参加し、ネルー政権の下では法務大臣を務めた。しかし一九五四年、法の実施に満足できず、「幾世紀にも及ぶカースト制のヒンドゥー人による、いわゆる不可触賤民に対する差別への反抗として、……アンベードカルは、預言者ヨシュアのように、不可触賤民の身分から立ち上がった。そして、自分たちは正義がおこなわれるのを空しく待った、いまやヒンドゥー教を完全に放棄し、もっと平等主義を強く唱える宗教、すなわち仏教を擁する時がきた、と主張した」（シャテルジー Chatterjee 2005, 188）。ただしアンベードカル自身の仏教理解には、やや身勝手な、部分的なところがあった。彼の指導下で、約二十万人がヒンドゥー教を離れて仏教徒になった。そして今日では、インドに約八百万人の仏教徒がいるといわれている。アンベードカルは世界宗教を丹念に調べてから仏教を選んだが、それは仏教がもともとインドで興った宗教であり、つねにカースト制を退けてきたからである。これに対し、インドのキリスト教は外国の宗教であり、またインド人のキリスト教徒のあいだでは、カースト制による差別は和らぐことなく続いた。こういうことはイスラム教徒のあいだでも同じであった。

こうしたまれなケースは別として、私たちは通常、文化や言語とともに宗教を受け継ぐ。確かに、私たちは普通、その宗教内の特定宗派の成員となる資格を、文化や言語と同時に受け継ぐのである。ところが今日、キリスト教の場合には、諸宗派を分け隔てているものとはまた別の、宗派を横断する境界線が存在する。それは聖書に忠実な原理主義者を多く擁する福音派を含んだ、大雑把にいって保守的と呼ばれる人たちと、リベラルで革新的と呼ばれる人たちとのあいだにある境界線である。リベラルな考えを持ったカトリックの人たちは、カトリック内の保守的な階層の人たちに比べれば、リベラルな考えを持ったプロテスタントの人たちと、さまざまな点においてより多くの共通点を持つ。保守的な考えを持った聖公会派の人たちは、聖公会派のなかのリベラルで急進的な人たちに比べれば、しばしばカトリックの人たちと見解や社会的な態度において、より多くの共通点を持つ。ここでいう保守的な見解とか、リベラルな見解ということに関しては、これらの事例が示しているように、特定宗派の成員であることよりも、個人の性向や好みによる選択の及ぶ領域でのことのほうがいっそう大きい。
これはキリスト教内部からの事例であるが、私たちは一般に、ほかのどの宗教でもない、この特定の宗教のなかに生まれるだけでなく、ほかのどの宗派でもない、この特定の宗派のなかに生まれるのである。また、もちろん今日のヨーロッパでは、自覚して非宗教的、世俗主義的、あるいは無神論的な環境のなかに生まれることがますます増えており、それに従った見方を十分に引き継いでいる。イスラム教、ヒンドゥー教、仏教内での類似の区分については、六章ですでに概観したので、ここでは繰り返す必要はない。

以上のことは、「どの宗教なのか」という問いに対して、どのようなことを意味するのだろうか。それは、多くの人にとっては、偶然そのなかに生まれることになった宗教がもっとも真実にして、もっとも善い宗教であり、また唯一の真実にして「救済的」な信仰であることさえも示さなければならない、あるいは少なくともそのように信じなければならない、ということを意味する。世界観は私たちの文化的環境の一部であり、私たちが呼吸する知的な空気の一部であるが、通常は、それは明らかに私たちにとっては真実であり、そのため明らかに誤解されるほど、重大にも相違する何ものかであるように思われる。私たちはその世界観によって形成されるのであるから、そのイメージのもとで私たちは創造されている。そのため世界観は私たちに適合し、また私たちのほうも他の世界観ではなく、この特定の世界観に適合している。その理由から、私たちは自分が受け継いだ宗教のなかに踏みとどまり、自分の宗教を十分に享受するとともに、同時にその永続的な発展と改革のために寄与することが、一般に最上のことと されているのである。

しかし今日では、過去に比べて、より多くの人が自分の信仰そのものよりも別の信仰の現実のほうに強く意識を向けている。確かに、いつも多くの人がそうしているのは、自分の隣人を意識しているからである。とくにヨーロッパやアメリカでは、何百万人ものイスラム教徒、ヒンドゥー教徒、シーク教徒が新たな多信仰の西洋社会の一部となっている。ほかにも、例えば幾度も虐殺の憂き目に会い、また二十世紀にはホロコーストという戦慄すべき大量殺戮の犠牲となったユダヤ教徒も、長くその多信仰的社会に属している。社会的には、新たな宗教共同体があることは奥深さとともに摩擦も生みだしている。宗教的には、教会は、キリスト教とそれ以外の世界宗教との関係については以前にも増して、否が応でも考えざるをえなくなっている。ところが、この問題については、教会は友好的な平和的共存を超えた関係を目指すまでにはいたっていないように見える。というのも、養育のしかたで私たちは異質な信仰に対する誤った固定観念をたやすく持たされてしまうからである。例えば、今日キリスト教とイスラム教のあいだでは互いが相手を脅威と見なし、脅威としてそれに応対しているので、どうしても争いが生じてしまう。

このように複雑で錯綜した不安定な世界情勢のなかでは、「どの宗教にするか」などと問う必要を感じない何百万人もの人びとがいる。それはもう決まっていると思っているからだ。けれども、この問いを真剣に捉える人にとっては、どのような答えがあるのだろうか。多くの信仰を平等に扱う宗教教育のおかげで、これまでよりも自由に宗教を選んでよいことになれば、どの宗教にするかはスピリチュアリティ（霊性）によるだけでなく、文化的、美的、哲学的な相性や好みによっても決まることになる。しかしこの選択を下支えするものは信仰それ自体の基準、つまり個人と集団の実生活において達成された「信仰の実《み》」である。すぐに見える「信仰の実《み》」は個人の態度と見解、愛と慈悲の実践においてである。自分がして欲しいと望むことは他人にもしなさい（あるいは、もっとうまく表現すれば、自分がして欲しくないと思うことは他人にもしてはならない）という黄金律は、どの世界信仰にも等しく見出される。[1] 問題は他人とともに、また他人に対して感じる愛（この言葉が持つ多くの意味の一つにおいて）や慈悲の基本的で普遍的な原則をどの範囲にまで行きわたらせるか、ということである。

さまざまな世界宗教を歴史的存在として客観的に見ようとするとき、人間社会に及ぼすその宗教の影響が有益であるか有害であるかを基準とすることで、それらの宗教を等級づけることができるだろうか。私は、現実的には総合的な等級づけはできないと考える。なぜなら、それらの宗教に関係する因子があまりにも複雑であり、同じ基準では計りえない（共約不可能な）場合が多いからである。歴史上の特定の時期に、一つの宗教伝統が、ある点で明らかに信者に対してか、あるいはより広い世界に対してかのどちらかに、ほかの宗教伝統より多くの害を及ぼした、あるいはより多くの益を与えた、というような特定の事例を同定することは、一応はできるだろう。けれども世界宗教は息の長い現象であり、何世紀にもわたり発展と衰退、社会的・文化的な開花、停滞と弱体という時期を乗り越えてきている。宗教を歴史的な総体として受けとめるとき、どの時点においても宗教自体がさまざまに異なる発展段階にあるに違いない。(2) そして普通の人における善性や傑出した高徳な個人から生みだされる信仰の産物を、もっと仔細に見ようとするとき、いずれかの信仰の極端な例を持ちだして、その信奉者がほかの人より道徳的にも霊的にも優れた人であると主張することは危険であるといえよう。(3) 統計データは手元にないが、あえてこうした主張をする人には、必ずや証明したり論証したりする責任が負わされる。

そうすると、目下の探究の観点からすれば、当初の問題が私たちには残されている。もし宗教体験が（「信仰の実《み》」という基準によって選別されて）私たちに内在しつつ超越している実在に対しての、真の自覚であると受けとめられるならば、私たちは宗教体験がそれぞれ異なった、共約不可能な（同じ基準では計ることのできない）超越的実在をいくつも伝え、さらにその超越的実在によってそれぞれ異なる、共約不可能な（同じ基準では計ることのできない）信仰体系をいくつも作りだしているという事実に直面しなければならない。主要な共約不可能性の一つは、超越者を無限定な人格とする信仰体系と、超越者を人格と非人格という区別の彼方にあるカテゴリーを超えた（つまり言語に絶した）実在とする信仰体系とのあいだにある。そのため、伝えられたいくつかの神格のあいだで、ユダヤ教やイスラム教の厳格に一なる神は、キリスト教の聖なる三位一体や有神論的なヒンドゥー教のヴィシュヌ神やシヴァ神とは異なる。あるいはまた、いくつかの非有神論的な信仰のあいだでは、タオ（道《どう》）はブラフマン（梵）やダルマカーヤ（法身）と同じものではない。

そこで、共約不可能な報告のなかで、せいぜい一つが正しくて、そのほかは思い違いで虚偽の信仰を生みだしているように思われる。しかし原初的に、また本質的にも、宗教体験に基盤を持った多くの信仰体系のうちの、ただ一つだけが真実でありうるとするなら、宗教体験は、唯一自分自身の信仰を除いて、ほかは一般に虚偽なる信仰を生みだすものということになり、それゆえ、宗教体験は信仰の形成に対して一般に当てにならないものということになる。これは、私が確定したいと望む原理とは正反対のものである。それでは、この挑戦に立ち向かうことができるだろうか。

救済

救済は宗教に不可欠の概念としてあらわれるが、「救済」（ないし「救済的」）という言葉は明らかにキリスト教用語なので、少々ためらいを感じてしまう。そこで私は、いずれの偉大な世界宗教も、同じ基本的なパターンを示しているという事実から生じてくる類的な意味で、この「救済」という言葉を使うことにする。救済は人間のおかれた状況が根本的に欠陥の多いもので、不完全で、満足のいかないものであるという、鋭敏な意識からはじまる。ユダヤ教とキリスト教にはエデンの園におけるアダムとイヴの堕罪という神話があるが、西方教会はこの神話を原罪の教義にまで発展させた。私たちはキリストによる救いの業《わざ》によって転化されうるという、恩寵からの原初の堕罪を受け継いでいる。これは、伝統に従えば、史実に基づく堕罪なのであるが、現代の多くのキリスト教徒からは「まるで堕落したような」状態として理解されている。今日、この救済論は、贖罪死（あがないのための犠牲的な死）から、共苦者としての神の啓示（神は私たちと共に苦しむお方という啓示）までの、実にさまざまな方法で理解されている。イスラム教では、私たち人間は地の埃から創られ、神の審判と限りない恵みに服するところの、脆くも誤りやすい被造物であり、天国に居場所を得たいとの願いのためには、命のすべてを神に差しださなければならない存在である。ヒンドゥー教では、私たち人間はマーヤー（サンスクリット語で「迷い」の意）の状態に生きていて、このマーヤーが世界のあらゆる問題を生みだすが、モークシャ（サンスクリット語で「解脱」の意）を達成することで、すなわちブラフマンという究極的な実在との内的な一体感を実現することで、このマーヤーから逃れることができる。仏教でも同様に、私たち人間はドゥッカ（パーリ語で「苦」「不満」の意）の状態で生きているが、ニルヴァーナ（サンスクリット語で「涅槃」の意）を達成することで、私たち人間はその苦、ドゥッカから解放される。そのため仏陀は八正道を説いたのである。

　こうして枢軸後の各宗教は、いずれも私たち人間の有限性、苦、死ぬ運命、個人や集団にかかわりなく互いに傷つけあうという、抜きがたい性癖を認め、確かにこれを強調し、その上で、どうすればよいかを指し示し、限りなくより善い生き方の真の可能性と実現性を首肯している。私が使っているその言葉の類的な意味で、各宗教は救済を提示している。時には、個々の信仰がそれぞれ異なる問題への解答だといわれることがあるが、それは間違いである。概念や道筋は異なるとしても、それぞれの宗教にとって基本的な問題は、私が示した「救済」に関する類的な意味において、「救われるためには何をすべきか」ということになる。

宗教的多様性への応答

宗教間の関係について現在活発におこなわれ、また広く行きわたっている議論には、主として三つの競い合う立場があり、またその立場のそれぞれが細分化している

排他主義

排他主義とは、真なる救いの信仰はただ一つしかないとする見方である。わかりやすく説明するために、これがその場合に当たるというふうに仮説的に想定しよう。そして、またわかりやすく説明するために、これがキリスト教に当たると想定しよう。すると、キリスト教の排他主義は、キリスト教徒だけが救われると主張することになる。伝統的なカトリックの言葉では、「教会の外に救いなし」という教義で、これは十九世紀に徐々に手直しされ、ついに一九六〇年代の第二バチカン公会議の声明の一部に置き換えられて、現在にいたっている。この排他主義は、十七、十八、十九世紀に、大量のプロテスタント教会の宣教師が大英帝国の拡大とその経済の拡張のために、足並みをそろえて活動した動因でもあった。デイビッド・リヴィングストーンはイギリス国民に向けて「私は通商とキリスト教に道を開くためにアフリカに戻る」と語った（モリス Morris 1973, 393）。二

〇〇五年にはおよそ四十四万人のキリスト教宣教師が母国以外の国で活動している。[4] そのうちの八割はアメリカ人が主体の西洋人であるが、残りの二割は韓国人が主体の非西洋人である。[5] もっともこうした統計には、例えば夫婦を宣教師二人に数えるといった不確かさがつきものである。また宣教師のうちのどれだけが福音主義に改宗させようとする宣教師で、どれだけが（通常は「主流派」の教会から派遣されて）教育、医療、農業の支援活動をする宣教師であるのかも明確ではない。改宗させることを目的としたキリスト教宣教活動では、約六割が非キリスト教徒を対象としており、残りは主流派の教会に属するキリスト教徒を対象としている。イスラム教も宣教を重視する宗教で、宣教師の七割は、主としてほかのイスラム教徒を対象に宣教活動をしている。仏教もまた宣教を重視する宗教で、インドに始まり、北は中国、チベット、韓国、日本、南はスリランカ、東はタイ、ミャンマー、ベトナム、カンボジア、ラオスに、西はカシミール、アフガニスタン、トルキスタン、モンゴル、ペルシアにまで広がっている。仏教の宣教活動には強制的改宗がない。そして今日の西ヨーロッパと北アメリカにおいては、仏教の持つこの本来的な魅力のゆえに、人びとの心にますます強く訴えている。

キリスト教の排他主義に関してよく知られている批判は、第三者から見れば、それは「まったくばかげたものに見える」というものである。なぜなら、原理主義的な神学と自分以外の他の信仰に対する無知とを原動力として、たまたま自分の生まれついた宗教が唯一無二の真の宗教であるとする、無思慮な思い込みを拠りどころにしているからである。こうした批判に新たに配慮した結果、いまでは多くのアメリカ人排他主義者が、自分たちのことを別名で、「特定主義者」(paticularist) と呼ぶようになっている。もちろん、キリスト教の排他主義に向ける批判と同じ批判が、ほかのすべての宗教にも当てはまる。キリスト教以外の一神教のなかでは、この批判はユダヤ教には影響しない。というのは、明らかにユダヤ教はユダヤ人だけに特有な契約関係だからである。イスラム教徒のあいだでは、厚い伝統的な地域に住んでいて、神学的な考察に耽る時間もなければその気もない多くの者にとって、排他主義は当たり前のこととして通っている。とはいえ、確立された排他主義から離脱するという動きは、「進歩的」あるいは「改革的」といわれる、一部のイスラム学者のあいだで育ちつつある。

包括主義

キリスト教に戻ると、原理主義的・福音主義的運動は、今日ではキリスト教界の多数派に匹敵するほどである。この運動のなかに、教義を確信する程度はさまざまであるが、依然として排他主義が続いている。しかし主流派の教会のなかでは、神学者や教会指導者の大多数は二十世紀の流れのなかで排他主義から包括主義へと移っている。包括主義とは、これをキリスト教の言葉でいうなら、人びとの救いはイエスによる贖罪の死によってだけもたらされるが、しかしキリスト教徒に限定されるのではなく、原理上すべての人にもたらされるとする見方である。非キリスト教徒は、(カトリックの神学者であるカール・ラーナーの有名な言葉によれば）、「無名のキリスト教徒」であり、キリスト教の福音が適切に伝えられていたなら、きっとこの福音に呼応していたであろうと思われる霊的状態にあるという。あるいは、さらに最近の展開によれば、非キリスト教徒も死の間際に、あるいは死後にキリストに出会い、そのときキリストを自らの主であり、救い主であるとして受け入れることができるであろうとのことである。

啓典の民という考えかたのもとでは、部分的にイスラム教徒であるといえる人びとがいる。ここにはユダヤ教徒やキリスト教徒が含まれ、さらにはこの延長線上に仏陀、老子、ゾロアスターなどを初期の預言者たちの長い系譜のうちに認め、もちろんムハンマドを最後の預言者と認める改革派のイスラム思想家たちも含まれる。コーランには、次のように書かれている。「こう言いなさい。『私たちは神を信じる。また私たちのもとに、アブラハム、イシュマエル、イサーク、ヨセフ、さらにこれらの者の子孫のもとに遣わされてきた者を信じる。また主によってモーゼやキリストに、その他すべての預言者のもとに遣わされてきた者を信じる。私たちはこれらの者のいずれも区別しない。私たちは神に服従する。』」（2.136）。しかし何億人という信者を擁する一神教においては、キリスト教とイスラム教がそれぞれ中心的で規範的な位置にあるという信念を保持している。これが包括主義の本質である。

基本的な批判は、人間の生活のなかで積み上げられた幾多の「信仰の実《み》」によって判断される場合、自分の宗教がどのようなものであれ、その宗教がほかのすべての宗教に比べて道徳的にも霊的にもすぐれているとはいいきれないではないか、という点にある。さまざまに異なる信仰を持った普通の信徒に関する経験的な知識や体験から判断しても、どれか一つの集団がそれ以外の人類に比べて、道徳的にも霊的にもよりいっそうすぐれた人びとの集団であるとはいいきれないし、また、あるいはほかの宗教に比べて、よりいっそう多くの聖者やマハートマー（偉大な魂）を頭割りに輩出しているともいいきれない。しかし、確かに「唯一の真なる宗教」であるなら、それはより多くの聖者や、一般的にいう、より善い人間を輩出するのが当然である。それにもかかわらず、キリスト教の場合でいえば、大多数の者が、いまなお、排他主義か包括主義のいずれかの知的限界の範囲内にとどまっている。

多元主義

否定的に表現するなら、宗教多元主義とは、唯一無二の真なる救済的信仰などというものはないとする見方である。信仰が生みだす「実《み》」によって判断するという基準は、暴力的で狂信的なセクト（世界宗教そのもののうちにも見られるセクトを含めて）を排除するが、この基準に従えば、多元主義はすべての「偉大な世界信仰」を等しく純正にして救済的であると見なす。ペルシアの神秘家ルーミーの詩的な言葉で表現すれば「ランプの形は違えども、光りは同じ。光りは彼方からやってくる」（ルーミー Rumi 1978, 166）。明らかにこの言葉は、哲学的にもっと深く掘り下げる必要がある。また、掘り下げかたにもいろいろな方法がある。なかでも、もっとも卓越した方法の幾つかを、この章のあとに続く二つの章で検討したい。

九章　宗教的多元性への対応

私は排他主義も包括主義もどちらも明らかに不適当であることを述べた。その基本的な理由は、簡潔にいえば、等しく知的で学識に富み、純粋に宗教的で、道徳的にも霊的にも進んだ人びとがさまざまに異なる信仰の伝統に属しているからである。この事実だけでも、宗教多元主義に移行する十分な理由となる。なぜなら、宗教多元主義は排他主義とも包括主義とも相容れないからである。少なくとも後者の包括主義とは、さらに付加された理論の複合的周転円が用意されなくてはどうしても相容れない。とはいえ、宗教多元主義にも多くの形態があり、その種類も増えつつある。ここではそのすべてを論じることはできないので、現在もっとも有力ないくつかのものに限定して論じることにする。

多面的多元主義

この形態の多元主義は何人かの著者たちによって展開されている。ここではピーター・バーンの解釈に焦点を当てよう。ごく簡単にいえば、バーンは、人格と非人格の両方の場合を含め、多面性を備えた究極的な超越的実在が存在すると提案するのである。偉大な宗教はいずれもこの実在が持つ多側面のうちのどれか一つの様相を基本にしている。バーンのアプローチは哲学的である。そして実在そのものは「……のようなもの」として考えることができると示唆する。

いわば金のようなものによってあらわされる特性は、「金」という言葉の意味を最終的に決定する要因にはならない。金は常態ではない形、例えば溶融して流動的な形状をとるときに、まったく異なる特性をあらわすことができる。より正確にいえば、私たちは「金」という言葉を、金と認められた幾つかの事例が共有している潜在的な実質的性質を示すために用いている。この種の自然的なものの真の本質は、外にあらわれた名目的な性質の下部にあって、多くの場合、まったく知られずにいるのかもしれない。そこで、これと平行した推理によって、超越性とか神性は超自然的なものの類であると要請することができる。その真の本質は、その典型的な顕現の根底にある何ものかである。このような見方をすれば、人格を備えた主《しゅ》としての聖なるもの、そして存在の果てしなき大海あるいは限りなく神秘的で全的な他者としての聖なるものは、それらの背後にある超越性の真なる本質の顕現である。……ちょうど金が常温では実際に黄色く光っており、硬いものであるように、超越的実在のほうは人格を備えた主《しゅ》であり、また真なる本質のしかるべき顕現における存在の非人格的根底である。にもかかわらず、金の名目的な本質が自らの本性を失うことなく、自らを超えてその真の本質を指し示すように、超越者の名目的な本質のほうも自らを失うことなく、自らを超えてその真の本質を指し示すのである（バーン Byrne 1995, 159–160）。

しかし、超越性は多くのうちの一つではないとバーンは言う。超越性はユニークで究極的である。そのため、さまざまな宗教が究極者についての純粋な知識をもちながら、それぞれがその異なる側面を捉えているのである。さらに、こうしたさまざまに異なる側面についての人間の表現は、メタファー（隠喩）になる。「聖なるものは、その真の実質が考察されるときには人格や非人格といったカテゴリーを超える」（同書、161）。さらに「超越の真の実質は、肯定的・字義的記述やカテゴリーを超える。……また超越者の真の実質とその顕現とのあいだの関係は、自然物の扱いや、その外的特質という面からは知りえない」（同書、162）。

宗教間対話から得られた実際的な成果はこうである。「さまざまに異なる宗教は、一つの実在に関して相互に補完しあう識見を持つ。そこで、こうした識見が一つ一つ重ね合わされたなら、この実在についてのさらに詳細な内容が得られる」（同書、165）。これは「多元主義は個々の伝統を唯一の実在との重ね合わせの側面として見る」（同書、200）のであるから、こうした相互補完的な識見をすべて取り入れたグローバルな世界神学の可能性を示唆している。しかしバーンはこの結論を退ける。そして「超越者との接触を持つという人間の主張に特有な証拠として、体験の諸様態を強調する。……これはもちろん、究極的実在との調和のなかで生きる――すなわち宗教に生きる――ことを構成する実践の諸形態においてのみ、聖なる者との価値ある関係が達成できるということを意味している」（同書、197）。とはいえ、バーンは「伝統的に、識見や霊性などを共有することで十分なメリットがある」という事実を受け入れない（同書、200）。しかし、私がしたいと望むこととは裏腹に、バーンは、宗教概念によっては構成されない超越者に対しての純正な応答を許容しない。

唯一の究極的実在に対して、さまざまな体験の諸様態があるという考えは、次章で述べる宗教多元主義の哲学と同じではないにしても、きわめて近い考えである。バーンの重要な寄与は歓迎するが、次章で詳しく述べる私自身の理論に対するバーンの批評は受け入れない。バーンは私の理論が「実在論的議論に基づく実在論的展望にとって脅威となる」と思っている（同書、viii）。というのも、私たち人間は捉えることのできない本体的な実在それ自体と、そして人間の意識にあらわれる現象的な顕現とのあいだにカント流の区別を立て、後者の現象的な顕現のほうは、さまざまな伝統内で育まれた多様な概念化作用と体験の諸様態に応じて、さまざまな形態をとって現れるとしているからである。これをバーンは非実在論として見ている。なぜなら、それは（七章で論じたように）批判的実在論の応用だからである。つまり実在者はリアルであるが、ほかの意識のすべてがそうであるように、私たちに備わった認知器官が許す限りでの方法においてのみ、実在者は知られうるからである。しかし私の見解では、これは実在論の一形式であって、非実在論とか反実在論の形式ではない。むしろこれこそが唯一の実在論的な形式なのである。

多極的多元主義

多極的多元主義(1)の可能な限り極端な形式は、諸宗教は完全に別個で無関係であり、それぞれが独自の究極者に向けて、また独自の期待される目的への独自の道をもって崇拝すること、さもなければ応答すること、といった内容を保持するであろう。これは科学的宇宙論のなかの多重宇宙理論(2)を宗教に取り入れたものであろう。一神教においては神が全宇宙の唯一の創造主であると主張されているのであるから、多重宇宙理論はさまざまな神々によって統轄され、あるいはさまざまな非有神論的諸実在に構成された、別個で無関係な諸宇宙の多元性にかかわることになるだろう。この理論は理屈の上では成り立つが、この現実世界の諸宗教の関係について説明するためには何の役にも立たないように思われる。というのは、すべてのことは同じ一つの宇宙のなかにあって、私たちがまったく何も知らないでいる別の宇宙があるという事実――もしもそれが事実であるとしても――

は、私たちの状況に何の光も投げかけることができないからである。

しかしごく最近になって、何人かの著者により、多極的多元主義のさらに適切な諸形式が展開されてきた。その一人がスティーブン・カプランである（カプラン Kaplan 2002）。カプランの著書は「二つ以上の宗教的伝統が、どうすれば一歩手前の真実ではなく、究極の真実でありうるかを思い描くための試論である。それは認識論的ではなく存在論的な意味で、究極の実在を一元的でなく多元的に思考することのできる論理的な枠組みを概念化する試みである」（同書、ix－x）。カプランは、一方で「個人個人に存在への救済論的結論――解放という救済の形態――を用意する存在論的本性」（同書、24）と定義する究極的実在と、他方で「すべての実在に関する理論」である形而上学的な体系とを区別する。そのねらいは「単一の形而上学的体系内に一つ以上のタイプの存在論的構造ないし本性、つまりは一つ以上の究極的実在があるかもしれないということを示す」（同書、24）ことである。ここでカプランは「究極的実在」について、そうしたものが多く存在しうるように仕組んだ操作的な定義を作りつつある。しかし、この言葉の通常の使い方からすれば、それは可能ではない――つまり究極的な実在は一つしかありえない。

カプランは、デイビッド・ボームが示唆した物理学におけるホログラフィー・モデル（立体映像）の真実には依拠していないが、これに類似した形而上学的体系（すなわち、私のいう究極的実在の概念）を提言する。ホログラフィーでは、対象物はレーザーフィルムに撮影される。これは通常の写真と違って、対象物を二次元の映像として記録するのではない。これは投影されたときに映像が三次元の物体として生成されるために必要な情報を記録するのである。ホログラム自体は蓄えられた情報のなかにある。それが投影されたときに、さまざまな角度から遠近感をともなって、見る人にそれぞれに違う姿を示して、手に取れそうな立体物として見ることができるのである。これを宗教理解に適用すると、ヤハウェ、聖なる三位一体、アッラー、ヴィシュヌ、シヴァなど、さまざまに異なる神の像が現れることになる。

しかしホログラフィー・モデルは非有神論的宗教の説明にも向けられている。ボームに倣って、カプランは「暗在系ないし暗在域」と「明在系ないし明在域」とを区別する。「暗在系はフィルムに相応する。具体的には、暗在系は通常でない方法でフィルムに情報が記録されるときの方法をいう。明在系はフィルムに撮影された対象物、また再現された対象物の映像に相応する」（同書、102）。後者の明在系は対象物のさまざまな部分からなるが、暗在系は単一である。そこで暗在系は未分割の全体であるが、明在系は多様なかたちをとる。

そこでカプランは、この考えをさまざまな宗教（ただし、カプラン自身は宗教のすべてが、あるいはそのなかのいくつかが実際にリアルであると知っているとは公言していない）によって記述される「存在論的可能性」（同書、117）に転移させる。しかしカプランの仮説においては、暗在系は二元性や差異のすべてがブラフマンの不可分的な全体性のうちに包み込まれるとする、不二一元論的ヴェーダーンタに明らかに相当する。明在系のほうは、有神論的伝統におけるさまざまな神に、また究極的実在を縁起として捉える仏教の実在概念にも相当する。カプランは読者に「暗在系と明在系の両方の領域が論理的に相手を互いに必要としていると考えるように」（同書、124）と求める。それで相互に浸透し合い、それゆえ同時に存在するのである。そして「このシナリオは、さまざまに異なる究極的実在がどのようにして同時に存在し、同等でありうるかを思い描くことを可能にする」と言う（同書、126）。

多元主義的な意図にもかかわらず、カプランは一元系を提言し、それが明らかに通常の言葉遣いによって意味される内容には目をつぶろうとする。すなわち、暗在系と明在系という異なる側面を持つものとしての単一の究極的実在という概念である。そして、後者の明在系はさまざまに異なる神々へと分解されている。カプランがこれに目をつぶる理由は、「究極的実在」を自分の理論に合うように定義し直したからにほかならない。

カプランの理論にはさらに問題がある。これまでに見たように、すべての究極的な諸実在が同等の身分を持つということが、カプランの理論には不可欠である。「取り上げた信仰のどれもが（すなわち主要な世界信仰が）人間存在への別個の、しかし同等な救済論的結論を用意する」（同書、47）。しかし、どのような意味で同等なのだろうか。カプランの答は次のようなものと思われる。それぞれの存在論的身分において同等、つまりどの信仰もみな等しくリアルなのである。カプランは、それぞれの「本性」あるいは「究極的実在」が「ほかのいかなる本性とも同じく救済論的に有効」（同書、159）であるから、すべてが質的に同等であるかどうかという問いを発しない。すなわち、信仰はそれ自体が約束し、各人が選択した最終目的の状態を生みだすのである。さまざまに異なる最終目的の状態が、どの人にとっても等しく望ましいと思われるかどうかは重要でないとして、カプランは「このモデルは各人が選択することを要求する。……選択は必要である」と言う（同書、161）。カプランの描くシナリオは、各人は自分にとって一番望ましいと思われる救済論的結論を選択するというものである。したがって、だれもが事実上、最高の価値と思う最終目的の状態を享受することができる。というのも、ある者にとっては、それは愛する神との永遠の関係であり、またある者にとっては究極的な一者との合一であり、またある者にとっては究極的な空の実現だからである。

カプランは、これが形而上学的な民主主義の一形態であるとする、自分の理論の主要な魅力であると見る。

> 形而上学的な民主主義、つまりここで選択する能力と選択する自由として理解されている民主主義は、宇宙の存在論的構造のうちに取り込まれている。……このモデルでは［三つの基本的選択肢］である［不二一元論的ヴェーダーンタ学派における］一体性と、［大乗仏教における、スーニャター、つまり］空性と、そして［有神論における］個体性は、人が選ぶ「存在」の道であって、これらは一枚岩的に構成された宇宙からの形而上学的な要請ではない（同書、161-162）。

そこで思うに、ある人はこの世を超えた天国で生き、ある人はブラフマンという一つの実在のうちに吸収され、ある人は自分と他人とのあいだを含めてあらゆる区分を超越するということだろう。したがって「このモデルでは、宗教的伝統に対して、その伝統によって究極的実在として経験されたものが究極的実在ではないと告げる必要はない」（同書、160–161）。なぜなら、それぞれが別々の究極的実在を体験しているからである。そして、それら三つの選択肢は、その信奉者にとってだけではあるが、いずれも存在論的にリアルなのである。

カプランの理論でもっとも目立った特徴は、宗教の歴史的現実性からの極端なまでの抽象化と隔絶性である。この特徴は、カプランが強調するように、だれもが自分の気に入った究極的実在を選ぶことにかかっている。しかし、これは根底において完全に非現実的である。実際は男女を問わず大多数の人にとって、さまざまに代替可能な宗教的可能性があるわけではなく、目の前で比較検討して選択できるようにはなっていない。ほとんどの場合、人は特定の宗教的伝統のもとに生まれ、そのままその伝統のもとで生きるのであり、普通は他の宗教伝統についてあまり知らない、あるいは実際に何も知らない、あるいはゆがめられた戯画でしか知らず、納得して選択するまでにはいたっていない。もし本来の選択ができるとしたら、多くの人は自分が生まれついた宗教によって用意される最終目的の状態を好ま<u>ない</u>だろう。また、現代の世俗的西洋において流行の自然主義的仮説を受け入れている者――明示的および暗示的なヒューマニストや無神論者――、また宗教を一切信じない者、こういう多くの者の運命は一体どうなるのだろうか。おそらく彼らは端的に、存在しなくなるのだろう。（カプラン自身もこれに当てはまるだろう。なぜなら「どの宗教伝統の真偽も筆者の知識を超えている」と強調しているからである〈117〉。また、自然主義的物質主義を受け入れないで、肉体的な死からの再生を信じる、あるいは半ば信じるとしても、それがどのようなかたちをとるのかについてはいかなる考えも持たない他の多くの者はどうなるのだろうか。かたちの定まらない霧のように再生するのか。さもなければどのようなものになるのか。

もっとも根底的なレベルの実在を考慮すると、カプランの理論がそこからどれほどかけ離れているかがわかる。キリスト教の伝統をその二千年の歴史のなかで考えてみるとよい。カプランは、キリスト教では各個人が不死の魂を持っており、「その個人の存在を保証するのは恵み深く愛なる神である」という（同書、144）。しかし（前章で述べたように）、おおかたの普通の中世キリスト教徒たちは、カトリック教会の外に生きる人類の大多数が永遠の業火の苦しみを保障する信仰体系のなかに生まれた。そして彼ら自身も、もし罪の許しを得ないままに死ねばそうなるので、これを大いに恐れた。これは、今日では想像するのも困難なほどの本当の恐怖であった。そのような時代に恵み深く愛なる赦しの神を信じていたのは、少数の神秘家とその影響下にあった人びとであった。カプランはひどく単純化したしかたで、キリスト教の伝統を描いている。

ほかの宗教伝統においても、これと似た状況が容易に見出せる。例えば初期トーラーの伝統において、ヤハウェは古代イスラエルの暴力的な部族神であった。また人は最終的に、陰欝で薄気味悪い黄泉の国ではかない存在になると思われていた。ここでは部族の戦士である神が究極的実在であった。同じことがアステカの神についても当てはまる。この神の宗教的慣行の重要な一部は、「通常、太陽あるいはそのほかの神を助成し、あるいは復活させ（あるいは鎮め）、そうすることで宇宙の安定を図るためにおこなわれた人身御供であった。…例えば女たちや捕虜となった多数の戦士がテンプロ・マヨルの頂上にあるウィツィロポチトリ神の神殿前で犠牲になった」（カラスコ Carrasco 1987, 28）。アステカ人にとっては、この文字どおり血に飢えた神が究極的実在であった。

手短に言うと、私はカプランの理論が、今日の多くの哲学者を満足させる巧妙な理論的試論として興味をそそられるが、しかしそれは、この世界の諸宗教間の関係を理解するためには、ほとんど何の役にも立たないと思う。

ほかの多極的多元主義のなかには、多様な宗教の多様な終末論を含むもの、例えばS・マーク・ハイム（ハイム Heim 2001. なお Heim 1995 にはこの理論のヒントがすでにある）の提唱によるものがある。要約すると、多様な世界宗教はこの世の生においても、またあの世の生においても、ともに異なり、相互に排他的な目的への道を構成する別個の実体である、とハイムはいう。それぞれ異なる主要な宗教は、それぞれに異なる究極者の構想――あるものは有神論的な構想、またあるものはそうでない構想――およびその宗教自身の望み見る成就へと導く適切な、それぞれの宗教にふさわしい霊的な道を持っているということだけでなく、その成就の折にはその宗教の望み見る死後の状態――キリスト教徒の天国、イスラム教徒の楽園、涅槃、ブラフマンとの一体化など――があるということまでも、ハイムは提言する。そのため、このすべての終末論的状況が存在論的にリアル

——つまり現実に存在する——である。ハイム自身の場合、これは私が先に定義したように、純正の宗教多元主義ではない。なぜなら、ハイムは現在と未来の永遠性に関して、ともにキリスト教の最終目標がユニークな優位性を持つと明示的に肯定しているからである。ほかの宗教を信じる人びとはそれなりの劣った最終目的を達成するが、しかしハイムによると、多様な最終目的の全体が一緒になって神の目には豊かで価値あるタペストリーをかたちづくるのだ、という。この構図において神の豊かさを満喫するのはキリスト教徒だけであり、ほかの宗教の者は悪くはないが、キリスト教徒が受けとるものに比べると大いに見劣りのする最終目的を手にすることになる。しかし、ハイムはだれもが自分の選んだ最終目標を達成できるのであるから、この配剤は正当で義にかなっていると論じる。ハイムは、世界中の人がそれぞれ自分の気に入った宗教的目的を選び取っていると思っている。

カプランの理論と同様、この理論もまた根底的なレベルにおいて、まったく非現実的である。実際に、ハイムの理論によると、運よくキリスト教国に生まれた者は優位な善を受けとるが、運悪くイスラム教、ヒンドゥー教、仏教などの社会に生まれた者は、改宗でもしない限り、程度はさまざまながら見劣りする善しか受け取らないことになる。これはキリスト教の包括主義の新しい形態である。これは異教徒をすべて地獄に送り込んだ、かつての排他主義より非キリスト教徒にとってましではあるが、カトリック教会や非原理主義的プロテスタントの多数派によって教示される現行の通俗的な包括主義——現世を超えた彼方においてのみ、キリスト教の救いの全利益が実際に万人に及ぶ――よりは劣る。ハイムの見解には、神についての怖い概念も含まれている。というのも、一体どのような神が人類の大多数に至高の善を受けとる機会がないように――この機会が与えられているのは選民、すなわちキリスト教徒に限定されている――創造物の配剤をするというのだろうか。

しかし、ハイムによる終末論的目標のヒエラルキーがあってもなくても、この構想自体は続かない。なぜなら、どの宗教であっても信仰と実践の組み合わせはハイムのいう宗教的究極者（ハイム Heim 2001, 35他）の特質に関する信仰を含んでいるからである。また、私たちにも底辺にあって支えとなる神的な力、ないしは宇宙的な過程や構造なしには救済論的な宗教の最終目標を持つことができないからである。例えば審判を下して思うままにキリスト教徒やその他すべての人間を断罪できるような全能の神を前提にするのでなければ、神の審判、天国、地獄（加えて煉獄）といったキリスト教的な宇宙論を持つことはできない。また定義からして、そうした一者の存在しか在りえない。ところが、この同じ諸宗教の世界のうちには、キリスト教の神以外にも、全能の創造者にして全地の主が在る。そして、この者がユダヤ教、イスラム教、シーク教、ある形態のヒンドゥー教などのさまざまに異なる総体の一部となっていて、まさに偉大な世界的諸信仰やそのほか多くの小さな有神論的諸伝統を超越している。また、仏教によれば、神的創造者はいないし、所業による因果関係には神的な審判は含まれてこない。またヒンドゥー思想のいくつかの分派によれば、宇宙は創られず始まりもなく終りもないプロセス（過程）である――ただし、各個人は徐々にブラフマンとの合一の状態に入り込んでゆく。このような互いに異なる宇宙的状況が人間の信仰体系のうちに共存できる一方で、これらは存在論的には、あるいは現実には共存できない。もしもこうした宇宙的状況がこの同じ宇宙に共存できない存在論的諸実在にとって不可欠であるならば、ハイムがいうようなさまざまに異なる最終目標などはありえないことになる。

そこで再び、カプランの宗教的に中立の仮説のように、ハイムのあからさまにキリスト教的で三位一体論的な理論は、現存する宗教間の関係をわかりやすく理解するための助けにならない。次章では、私がより適切であると思う仮説を提唱したい。

十章　宗教多元主義の哲学

超越者

最初に用語を明らかにしておく必要がある。「西洋の」一神論（その起源は中近東であるが）では、究極的実在は無限定で、永遠で、万能で、善そのものである人格存在と考えられている。人格存在は人である。神学者のなかには、人格としての神と、人としての神とのあいだに区別を立てようとした者がいるが、この区別は無意味である。いったい人格を備えながら人でない者などがありうるだろうか。そこで神は限定できない者、あるいはキリスト教の場合では三にして一、一にして三である三位一体として考えられている。よく知られた「神」という言葉は、その実在が人格である、非人格であるということを決めずに、あるいは人格と非人格のあいだの区別を超えて、究極者という言葉にまで拡張することができるだろう。とはいえ、西洋の人間にとって、神という言葉は個人的な思い入れに強く結びついているので、より開かれた、あるいは「類的な」意味で用いようと意図する場合には、現在では、この言葉は避けたほうが賢明であろう。共通に使われる言葉は究極的実在、究極者、超越者、あるいはやや共通性に欠けるが、私自身が導入した言葉の「実在者」である。このなかのどの言葉も特権的な地位を持たないので、私は文体に柔軟性を持たせるために、いずれの言葉も使うつもりであるが、なかでもいちばん頻繁に使うのは超越者（the Transcendent）であろう。この場合、その頭文字が大文字〔Transcendent〕であるか、小文字〔transcendent〕であるかは問わない。

いくつかの前提条件

私が提唱する宗教多元主義の哲学は、いくつかの前提の上に成り立っている。前提の一つは、多様な形態でみられる世界各地の宗教体験は純粋に人間の投影ではなく、同時に超越的実在の普遍的臨在に対する応答でもあると信じるのが合理的である、というものだ（本書、七章）。とはいえ、これが宗教体験という大見出しに該当するどのような事例にも、すべて当てはまるというわけではない。すでに見たように、宗教体験のなかには崇高なものから馬鹿げたもの、さらには明らかに危険なものまであるからだ。しかし、どの宗教にも共通基準として生活体験の積み上げからもたらされた道徳的・霊的な「実《み》」というものがある。もう一つの前提は、どの世界信仰もその「実《み》」に関しては優劣がつけられないということである（本書、九章）。

基本的区別

私が提唱している仮説は、基本的区別というものに依存している。私たちは一方で、超越者が「そのもの」の内的な本性上、人間の記述や理解の範囲を超えているということを、認識する必要がある。伝統的な神学の言葉では、そのものは「言語に絶する」ということであるが、私としてはカテゴリーを超えている、つまり人間の概念の範囲を超えている、と表現したい。宗教が目指すものはこの究極的な、カテゴリーを超えた実在であり、その限りでは、宗教は人間の応答である。もう一つの区別は歴史的宗教内で（「内で」とばかりはいえないかもしれないが）、私たちが超越的実在に目覚める固有の形態に依存する、ということである。

私が提唱した「多元主義の仮説」を構成する提言は、[1]七章でその概略を述べたように、物自体と物の現われとのあいだについてのカントの区別を利用する。カント自身は感覚的知覚を論じたのであって、この区別を宗教に当てはめることはしなかった。カント自身の宗教哲学はまったく違ったものであって、現行の二十世紀と二十一世紀の宗教多元主義者が宗教哲学といっているものについては、おそらく彼は異論を唱えることであろう。私が借用したいと望むカント哲学からの唯一の側面は、実在そのものと人間の認識対象としての同じその実在（この場合には観察という行為のなす必須の助力がともなわれている）とのあいだの区別である。私は形式とカテゴリーに関するカントの複雑な知識体系を丸ごと必要としている（あるいは欲している）わけではない。私が利用している区別は、カントにはじまるものではないが、それでもカントは近代のもっとも独創的で、もっとも影響力を持った哲学者であった。したがって、世界を意識することにおいて、心は受動的ではなく絶えず能動的であることを、決定的に明確化したカントの多大な貢献を認めないのは正しくないだろう。それ以来、これは認知心理学や知識社会学の分野において認められ、また量子物理学においても承認されている[2]。とはいえ、その基本的な考えはすでに何世紀も前にトマス・アクィナスによって見事に表明されていた。「知られるものは、知るものの様式にしたがって知られる[3]」。

宗教に適用した場合、この区別は、一方では私たちの概念のレパートリーの領域外にあって、カテゴリーを超えた超越者そのものと、他方ではさまざまに異なる宗教のなかで、この超越者そのものが人間によって思考され、体験され、応答される多様な諸形態とのあいだの区別である。（制度化された宗教の外においての超越者に対する覚醒については次章で述べる）。このことは、実在者が作用者となって、宗教史に記録されている実在者についての多様なイメージを生みだ・さ・せ・て・い・るということを意味しない。それが意味することは、まさに超越者が人間本性に内在するおかげで、人間には超越者の普遍的存在を感受する生得的な能力があるということである。いくつかの伝統に従えば、超越者との内的合一ということが確かにあるが、しかし、これはいつも特定の文化的また歴史的に条件づけられた方法で顕現化されている。（このようにカントの区別を宗教に当てはめることは、カント自身が抱えていた問題を回避することになる。カントによれば、因果律は私たちが現象界を形成するときに用いるカテゴリーの一つである。けれどもカントの体系では、物自体はその物の現象的な現れの原因とされている。この点でカントはこの区別の使用に悩んでいたのである）。

超越者とは人間による記述が及ばないもの

偉大な世界信仰はすべて、究極者が持つ記述不可能な性質を、それぞれの異なるしかたで主張している。

東洋に始まることだが、英語の ineffable（言語に絶する）や transcategorial（カテゴリーを超える）に対応する通常の言葉は「無相」（formless）である。ヒンドゥー教の不二一元論哲学は、ニグナ・ブラフマンとサグナ・ブラフマンを区別する。ニグナ・ブラフマンとは属性を持たず、名もなく形もない無相のブラフマンのことであり、「これでない、これでない（neti, neti）」[4]という有名な成句のうちに表現される、カテゴリーを超えた本性のことである。またサグナ・ブラフマンとは神、主、イーシュワラとして人間によって思考され、体験され、多くのかたちで知られている、あの同じ実在である有相のブラフマンのことである。これは古代ヒンドゥー教の著述家の言葉によって、興味深くも逆説的に表現されている。「汝は無相なり。汝の唯一のかたちは汝についての我らの知識なり」（パリスカー Parriskar（ed.）1978, 144）。

大乗仏教における仏の三身説では、第一に法身（ダルマカーヤ）、究極的に無相の実在そのもの、コンツェの言葉では「絶対者としての仏陀」（コンツェ Conze 1975, 172）、あるいは「実体の身」（ド・ベアリ De Bary (ed.) 1972, 74）、第二に報身（サンボガカーヤ）「至福の身」、彼岸の仏身、そして第三に応身（ニルマナカーヤ）、「受肉した」仏陀、私たちには釈迦として知られている者、正確なデータには欠けるが、紀元前第一ミレニアムの中ごろ、インド北部に生きた人物とされている。

ユダヤの伝統内では、おそらくマイモニデス（十二世紀）がもっとも偉大な思想家であろうが、マイモニデス自身はアル＝ファーラビーやイブン＝ルシュド（ラテン名ではアヴェロエス）などのイスラム哲学者の影響を受けて、有名な『迷える人びとのための導き』をアラビア語で著した。この著作はのちにヘブライ語に、さらにはラテン語にまで翻訳されて、トマス・アクィナスなどキリスト教の神学者に影響を与えた。マイモニデスは厳密な論理的思想家であり、神の本質と神の顕現とを区別した（マイモニデス Maimonides 1904, I, 54）。全体としてみれば、ユダヤ教とイスラム教の両宗教において人間の記述能力を超えた神の神秘がもっとも明確に認識されているのは、神秘主義的なグループにおいてである。ユダヤ教の神秘思想家（カバリスト）のなかには、人間の記述を超えた無限者であり、究極的な神的実在であるエーン・ソーフについて語る者がいる。デイビッド・ブルーメンタールは「ユダヤ教は基本的なところで、いつも神を不可知な存在と理解している」と強調し、啓示された神の名や属性について述べたあとで、「神の名や属性などを神および神の本質と同定するのは間違いであろう。なぜなら、名や属性は言葉の背後にある不可知な本質を表現するラベルでしかないからだ」と付言する（ブルーメンタール Blumenthal 1978, 126–127）。神の（知られざる）本質と、人間に対する神の（知られた）顕現とのあいだのマイモニデスによる区別は、実は私が展開したいと考えていることの基本である。

イスラム神秘主義者スーフィの伝統内にも同様の区別がある。多くの著者が、神は究極的には語りえない存在であると断言している。例えばクワジャ・アブドラー・アンサリは神への祈りのなかで「汝は我らが思い描く姿から遠くかけ離れた存在であられる」「汝が実在するというまさにその神秘は何者にも明かされていない」と述べている（アンサリ Ansari 1978, 183, 203）。イブン・アル＝アラビーは、言語に絶した神の本質と人間によって知られた神とのあいだを（マイモニデスのように）区別して、『智恵のベゼル』のなかでこう述べている。「本質（the Essence）は、これらすべての関係を超えるものであるから、神性ではない。……この者を神性とするのはこの私たちであるが、実は、私たちがそうすることによって、この者は自らを神々しき者と認知するのである。それゆえ、この者は、私たちが悟りにいたるまでは、［神として］知られることはない」（アル＝アラビー Ibn al-ʿArabi 1980, 92）。

ヒンドゥー教と仏教のなかでは、その区別は彼らの「主流派」のうちに見出される。これに対しユダヤ教とイスラム教のなかでは、それはもっぱら彼らの神秘主義的な立場に限定されている。しかしキリスト教のなかでは、神を言語に絶する者とする考えは、偉大な正統派神学者と神秘主義者のどちらからも容認されている。四世紀のニュッサのグレゴリオスは、神は「どのような言葉によっても、どのような考えによっても、またどのような理解の道具をもってしても捉えることができず、人間の知性のみならず天使や脱世間的な知性までも超えたところにあって、考えることも口に出すことも、とりわけどのような言葉によっても言い表すことができない……」[5]と述べた。四―五世紀のアウグスティヌスは「神は心をさえも超えている」[6]と言い、十三世紀のトマス・アクィナスは「その広大さのゆえに、神的実体は私たち人間の知性が到達するいかなる形式をも超えている」[7]と述べ、「第一原因は人間の理解と発話を超えている」[8]と断言した。ニコラウス・クザーヌスは一四五三年の著書のなかで、「神につけられた名はいずれも被造物から採られている。なぜなら、神自身については言葉で語りえず、また名づけたり語ったりすることのできるすべてのものを超えているからである」[9]と言う。また十三―十四世紀の神秘家たちのうちで、例えばマイスター・エックハルトは「神に名はない。神のことはだれにも理解することができないからである」と述べている（エリアーデ Eliade 1985, 200）。エックハルトはゴッドヘッド（神性）とゴッド（神）のあいだの重要な区別を立てて、「両者は天と地のように互いに異なる」[10]と言う。マルティン・ルターに大いに影響を与えた『テオロギア・ゲルマニカ（ドイツ神学）』を著した無名の著者（十四世紀初頭の人物と推定される）によると、「神は存在する。しかし神は、被造物である限りの被造物が感じとり、名をつけ、言いあらわすことのできるような、あのもの、このものという存在ではない」（ウィンクワース Winkworth 1937, 113）。他方、おそらく同じ十四世紀の後半と思われる『無知の雲』の無名の著者は、私たちは神を知るようになるであろうが、「もちろん神そのものではない。そのようなことは神のほかにだれにもできない」[11]と書き、また十六世紀の十字架の聖ヨハネは、神は

「不可知であり、万物を超越している」と書いている（十字架の聖ヨハネ St John of the Cross, 1958, 310）。今日、より穏健な諸神学が、再興した福音派の教条主義や「急進的な正統派」と対立するとき、より穏健なその主流派内では、神は神のうちに自存する存在であるから、いかなる言葉によっても語ることはできない、ということを共通事項としている。

問題点

ここには大きな問題点がある。この問題点は教義の構造により深くかかわることから、ほかの宗教よりも、とりわけキリスト教にとって深刻である。問題点はこうである。神学者たちは、神の究極の本性は人間の記述や理解を超えていると言いながらも、その同じ神が父と子と聖霊とからなる究極的に三位一体であり、三つの「位格《ペルソナ》」が一つに、一つが三つのうちにあると言い、さらに第二の位格は肉を受けてナザレのイエスになったと言明している。これでは、キリスト教の教義体系は「神は語りえない」とする原則に反することになる。究極的に神は語りえない、カテゴリーを超えている、人間の概念や言語の範囲を超えている、とする考えを保持することはできる。また究極的に神は三位一体のもので、ナザレのイエスが受肉した第二の位格である、とする考えを保持することもできる。しかし同一の思考体系のうちに、同時にこの二つの考えを保持することはできない。それにもかかわらず、このことは長いあいだキリスト教神学においておこなわれてきたことであり、これを常時、教会の生活と礼拝式のなかにしみこませ、この明白な問題を隠ぺいするか、無視するかの態度をとってきたのである。

解決策

はっきりとした解決策は、神学的定式化を歴史的記述とは区別して、これを象徴の言語、あるいはメタファー（隠喩）の言語で言い表されたものと見なすことである。事実、これは脱言語主義者（そのような言葉があるとして）の偽ディオニシウス（略してデニス）によって提案された解決策である。

一方でデニスは全力を尽くして、神の絶対的な脱カテゴリー性（ないしは脱言語性）を強調する。至高の原因者である神は、

魂でも心でもなく、またそれは想像、信念、発話、理解を有するのでもない。……それは数や順序、大や小、等不等、同不同ではない。それは動不動、あるいは停止でもない。それは力を持たない、力ではない、光でもない。それは生きておらず、いのちでもない。それは実体ではなく、永遠でも、時間でもない。それは理解力によって捉えられるものでもない。……それは単一でも、一体でもなく、神性でも善性でもない。それは私たちが通常の意味で理解している

霊でもない。それは子性でも父性でもない。また私たちにも、ほかの何ものにも、何も知られていない。……それについての語りも、名も、知識もない。闇と光、錯誤と真実――そのようなものでもない。それは肯定も否定も超えている(12)。

しかしデニスが『神の名』のなかで、言語に絶する神は聖書のなかで自己を啓示するというとき、これとは真っ向から矛盾するような立場に立つ。神は「聖典の言葉のなかで自己について語る源泉である(13)」。また、おそらくは礼拝中心の教会生活に自己を捧げる修道僧として生活しながら、デニスは受肉や三位一体のような信仰箇条――それらもまた神秘であると強調しながらも――を当然のこととして受け入れている。それゆえ、デニスは「神学におけるもっとも明白な考え、つまり私たちのためにイエスは受肉されたという考えは、言葉の枠内に収まらないし、またどのような精神によっても把握することはできない。……イエスが人になられたということは、私たちにとってまったくの神秘である(14)」と述べている。もちろん、この言葉は四五一年のカルケドン公会議で正確に定められた正統派の教義（人性と神性の二本性論）について語る正統派の語り方ではない。またデニスは三位一体の教義についても独特の解釈を加えている。「聖典からわかることは、父が神性の本来的な源泉であり、子と聖霊はいわば神からの派生、神性がもたらす開花の光、神性が放つ超越的な光である(15)」。これはデニスが新プラトン主義の立場から捉えた三位一体の思想である。それでもデニスにとっては、こうした教義は、今日の教会もそうであるように、何らかのかたちで端的に与えられたものでしかない。

しかしデニスは後世の多くの神学者と違って、問題を真正面から受けとめて、こう問いかける。「それでは、私たちは神の名［つまり神の属性］をどのように語ることができるのか。もし超越者が論議や知識をすべて超えているとしたら、もし超越者が心や存在の彼岸にとどまり……捉えることができず、知覚することも、想像することも、見解を述べることも、名づけることも、話し合うことも、理解することも、了解することもできないとするなら、私たちはどのようにすることができるのか[16]」。

デニスの答えはこうである。創造主としての神の三一性と「超越的な善性[17]」は聖典のなかで啓示されるのであるから、その言葉はかならず象徴的である。「超越者は姿形を持たない事物の上にあって、存在する条件を身にまとっている。また、永遠で超自然的な単純さをあらわす事物のさまざまな属性を伝えるために、無数の象徴が使われている[18]」。そして、デニスは『天上位階論』のなかで、聖典は「象徴を用いて」語り、また「神の言《ことば》は詩的なイメージを使う[19]」と主張する。この象徴言語の要点は、聞き手を超越者のほうに向けるという効果を持つ点にある。最初から私たちのために用意されている聖句をある手段として高揚した様式のうちに使用するのは、「私たちの心を本性にふさわしいしかたで高揚させるためである[20]」。

デニスは、否定的言明と肯定的言明の両者を用いて互いの釣り合いをはかり、そうすることで教会の使う神学的な言語を文字どおりの意味で受けとらないようにさせる。例えば私たちは神を唯一のものとしても、善きものとしても語るが、同時にまた「それは唯一でも一体でも、神性でも善性でもない[21]」と言わなければならない。デニスは超越者が私たちの考える区別を超えていることを暗示している。つまり善悪、強弱、動不動、時と永遠、闇と光、心と心でないもの、知性と知性でないもの、活性と不活性、人格的と非人格的についてさえも、私たちの区別を超えている。デニスは言う。

私たちは、存在者に関するすべての肯定をそれ（超越者）に対して措定し、帰属させなければならない。また、さらに適切に言えば、それはあらゆる存在を超えているのであるから、そのすべての肯定を否定しなければならない。ここで私たちは、否定が単純に肯定に対立するものであると結論してはならない。むしろ、すべてのものの原因は欠如を超え、どのような否定も超え、どのような主張も超えて、このものよりもずっと前にあると結論しなければならない[22]。

今日、私たちはデニスのいう象徴をメタファー（隠喩）と呼んでいる。なぜなら、現代のデニスで、昔のデニスに関する研究では権威者であるデニス・ターナーは「デニスがこうした肯定とそれに対応する否定をメタファーによる断定に相当する方法で扱っていることはまったく明白である」（ターナー Turner 1995, 35）と述べているからである。したがって、この解釈は脱言語性と、ここでの明確な教義、すなわち教義は象徴的な意味またはメタファーとしての意味を持つという考えとを和解させる一つの方法となる。

神学的言語の問題を取り扱うもう一つの方法は、アナロジー（類比）という伝統的な考えかたである。神は善性と智恵という、よく知られた性質を持つと言われているが、これは人間に関して言うときとまったく同じではないが、まったく違った意味でもない。それは類比的な意味で言うのである。無限者と有限者のあいだの違いに比例したしかたで、神の善性と智恵は、人間の善性と智恵と類比的なのである。私たちは神の善性がどのようなものであるか分からないが、ただわかることは、それが人間のレベルで私たちには善性としてわかるものに対して、神のレベルで対応しているということである。そして智恵、愛、力なども同様である。

ところが、手に負えそうもない問題がこの大事な考えに付きまとう。一つは、この方法では神学者が望ましいと見なす属性しか扱えないという問題である。しかし、もし私たちが、神は神自らのしかたで悪でなく善である、愚でなく賢であるなどのことを知っているというなら、私たちは類比の教義自体が提示するよりもさらに多くのことを前もって知っていることになる。もう一つは、伝統的な神学が教えるところによると、神は単一で区別がなく、見分けることのできる性質も持たないので、そのため、神は私たち人間の属性に類比した属性すら持つことができない、ということになる。さらなる問題は、類比の概念からは神の本性に関するいかなる知識も導きだすことができない、というものである。それは、神に関する類似物が私たち人間の性質からなるものだということを、私たちが少しも解することができないからである。これは、実際には神の知識を持たないままに、神についての教会の教義に意味を付与していることのように思える。

　そこで結論は、神学や宗教的実践において、私たちが礼拝の対象物に対して当てはめているカテゴリーは、肯定的にも否定的にも超越者には当てはまらないということになりそうである。諸カテゴリーをそのように使うことは、いわゆる「カテゴリーの誤認」であり、分子が緑か青か、あるいは幸せか不幸せかと尋ねるようなもので、これでは誤認もはなはだしいということになる。究極者そのものは人格的か非人格的か、善か悪か、愛か憎しみか、目的があるかないか、などと言われることとは無縁なのである。

　しかし、こうした属性は、言語に絶する超越的実在の人間への顕現に対しては、あるいは宗教的礼拝や黙想、さらには大いなる神秘体験の定義可能な対象である人格的な神々や非人格的な「絶対者」に対しては、確実に当てはまるのである。これらのものは、私たちを超えると同時に、存在の深みにおいて在る超越者の普遍的臨在の産物である。そして、この超越者の普遍的臨在には、私たちの創造的な想像力と概念化能力が作りだすイメージや概念がともなわれている。したがって、礼拝の対象とされる神々は、礼拝する人びとのコミュニティと離れては存在しない。エックハルトが述べたように、「被造物の存在以前には、神は神でなく、存在するがままの存在であった。被造物が存在するようになり、被造物らしく振る舞うようになったとき、神は本来そうである神ではなくなり、被造物と共に在る神となった」[23]。エックハルトは間違いなく、ここではキリスト教の言葉で考えている。それより以前に、アル＝アラビーは同じことをさらに普遍的な言葉で述べている。

一般に、たいていの人はいやおうなしに自分たちの主について自分たちなりの概念を抱き、その概念を主に結びつけ、またそのなかに主を求めている。実在者がその概念に添ったかたちで現れるとき、人びとは実在者を認めて是とする。ところが実在者が別のかたちで現れたなら、人びとはこれを否定して逃げ去り、実在者に不当な仕打ちをする。しかも当人はそうするのが当然だと思っているのである。［通常の意味で］信仰を持っている者は、自分なりに作りあげた神性だけを信じている。なぜなら、「信仰」における神性は［心的な］構成物だからである。(24)

そのため、例えばトーラーやその後のヘブライ聖書の一部、あるいはタルムードに描かれたイスラエルの神は、ヘブライ人の経験の範囲内に存在し、ヘブライ人がイスラエルの神にとって不可欠であるのと同様に、ヘブライ人の歴史にとって不可欠の存在となっている。この神に対して抱くヘブライ人の観念のその後の発展は、ユダヤ人の枠を超え、とりわけキリスト教とイスラム教のなかで大きな影響を与えた。とはいえ、この神は中国、インド、アフリカ、アメリカに何十世紀ものあいだ知られないままであった。同様にクリシュナは、ヒンドゥー教の伝統を離れたところでは存在した形跡が見出されない。また仏教でいう涅槃、法身、仏性はイスラエル人の経験の枠内には関与しなかった。こうしたことは世界中にいくらでもある。

本書の前のほうで、偉大な諸宗教が真正と虚偽とのあいだを区別する道徳的基準について検討したが、これと同じ基準が古代の血に飢えた部族神に当てはまるだけでなく、今日の世界におけるすべての偉大な宗教伝統に広く続けられている悪用や誤用にも当てはまる。ここで、もしあの共通の基準、他人との仲間意識である愛や同情とか、親切心を善とし残酷さを悪とする基準は、どのようにすれば有効であると言えるのかと尋ねる人がいるならば、私たちはただ、証明することはできないが、それは基本的であり（精神病質者を除けば）、だれもが持っている普遍的な洞察である、としか言えないだろう。これは人間の基礎的な道徳的洞察を反映する「まさしく根本的な信念」である。

まったく語りえず、しかも私たちの知りうる属性を何も持っていないというような実在の観念は意味をなさないのではないのか、という問いが哲学者たちから寄せられている。そこで思うに、少なくともそれは言及されうるという属性だけは持ち合わせているのではないだろうか。まさにそうである。けれども私たちは、一方では言及されうるとか、それは在る、存在する、実在すると言いうるような純粋に形式的な属性[25]と、他方では人格を持つ、持たない、目的を持つ、持たない、善か悪かというような、そのものの本性についての有意味なことを伝えてくれる、実質的な属性とのあいだを区別しなければならない。カテゴリーを超えた実在に対して、肯定的にせよ否定的にせよ、帰属させることができないのは後者の属性のほうである。しかし、もしその脱言語性のゆえに、それが私たちには知りえないとしたら、一体どうしてそのような実在者があると思うのだろうか。答えはこうである。もしもグローバルに人間の宗教体験が純粋に投影ではなくて、同時に超越的実在に対する応答であるならば、そこになくてはならないものが実在である。世界の信仰がみな道徳的、霊的に同等であるとすれば、それらの信仰において応答の対象とされているものを、他を排して、どれか一つの対象に特定できないことは明らかである。それゆえ、カントの言葉を借りて言えば、実在者は人間の道徳的生活のためではなく、宗教的生活のために必要とされる「要請」なのである。

再びカントの言葉を借りて言えば、超越者は「ヌーメン的な実在」であるが、人間が思考し体験する帰依の対象は、それの現象的な顕現である。これが、先に私たちの見た通りの、マイモニデスやイブン・アル＝アラビーやマイスター・エックハルトたちによってやや弱く形式的に表現された区別である。これは「実在者の体験を伝えるすべての命題が真であるとはかぎらない」との批判をかわしている（ウォード Ward 1994, 315）。なぜなら、私たちの仮説に従えば、さまざまに異なる宗教的伝統は実在者そのものの体験を伝えているのではなく、人間の意識のなかにおける、さまざまに異なるそのものの顕現の体験を伝えているからである。

もちろん、これは修正提案である。では、それはさまざまな宗教的伝統内の思考や実践にどのように影響するのだろうか。これが次章のテーマとなる。

十一章　多元主義と宗教

問題点

宗教多元主義とは、私の構想において、次のことを主張するものである。第一に、私たちの知りうる限りでの「偉大な世界信仰」のすべてが、生来の自我中心から超越者中心の新たな方向へと向かう、救いの変革についての等しく有効なコンテクストであること、第二に、このことを説明するために私たちは、異なる伝統のなかでさまざまに思考され、したがってさまざまに体験される、究極的で言語に絶する実在を要請しなければならないこと、この二つである。よくある批判は、このように信じるならば、「宗教的伝統の持つ変革の力が、大部分の普通の信徒にとっては徐々にむしばまれてしまうのではないのか」というものである（クラーク Clark 1997, 317）。クラークはキリスト教徒の観点から次のように言う。

彼ら（自分の子どもたち）が、究極的な実在は発見されることがないと教わり、また神が本当に人であるのかないのか、愛情深く正しいのか、あるいは善であるのか悪であるのかさえも、自分たちにはわからないとしよう。おそらく、そうした彼／それ／何であれ　は、自我中心から実在中心への彼らの変革のことなど気にかけないだろう……。彼／それ／何ものでもないもの　が、本当に人間の変革について気遣うかどうかは、謎である（同書、318）。

最初の文章でクラークは、実在者を、自分が子どもたちに礼拝するように教えているキリスト教の神と同定している。それゆえ、多元主義の仮説に沿って、キリスト教の神は不可知のものであると想定している。これは多元主義の仮説には存在しない問題を生みだす。多元主義の仮説は、キリスト教の神が、変革する力を持つがゆえに真正な、超越者に関する一つの（だが、唯一ではない）人間の認識のかたちを構成するということである。これは、クラークが自分の子どもたちを自分の伝統内に教導することを止めるべきだ、という意味ではない。幼児が、宗教的な多様性を持ったより広い世界について、無邪気にも無知でいるあいだに、自分たちの両親の属する伝統によってスピリチュアル（霊的）に育まれるだけでなく、その伝統内で基本的な教えを身につけることは適切なことである。

しかしながら、宗教多元主義は、宗教伝統に対する自己理解を深めるために、伝統の一つ一つに挑戦する。そうするのは、人びとが自分とは違う別の伝統に属する隣人たちを、遠い近いを問わず、敵ともライバルとも思わず、皆、信仰の仲間であると見なすことができるようになるためである。どの伝統も、自らの思想の世界をそのように広げるための力量を備えている。ただ、その力量の行使が早いか遅いかの違いだけである。ある伝統にとっては、それはたやすくおこなわれる。また、確かにそれをし終えている伝統もある。ただし、宗教の違いが政治目的のために利用され、互いに抗争しあうように仕向けられた場合を除けば、である。このような例は、インド亜大陸の近代史を深く傷つけた集団間の過激で暴力的な抗争に見られた。自分たちにしみついた宗教的な見方に従って、ヒンドゥー教徒はためらうことなく、キリスト、ムハンマド、仏陀、その他のあらゆる伝統の偉大な聖者たちを受け入れる。そうすることができるのは、自分たちも多くの神々やグル（導師）に囲まれて、崇められているからである。ヒンドゥー教徒は、こうした他の信仰を「同じ山を登る別の路」と捉えている。ヒンドゥー教の最古の経典は「実在者は一者であるが、賢者はそれを多くの名前で呼ぶ」と教えている。[1]

仏教はさらに両面的である。仏教徒には、自分の仏教だけが涅槃にいたり成仏を遂げさせてくれる道だと思っている者もいれば、他の信仰の精神修養も究極的には同じ結果にいたると思っている者もいる。上座部仏教の経典である『法句経』には、「最良の道は八正道である。最良の真理は四法印である。……これが唯一の道である。純粋な物の見方はこのほかには何もない[2]」とある。これとは対照的に、ダライ・ラマは次のように言う。

あらゆる宗教は、自己中心的になるとか、問題を起こす原因となるような自制心のない心は制御する必要があると合意し、それぞれ平和で、自制的で、道徳的で、賢明であるような精神状態に導く道を教えている。すべての宗教は本質的に同じ使信《メッセージ》を持っていると私が信じるのは、この意味においてである。教義の違いは文化の影響によるものであると同様、時代や環境の違いにもとづくものでもあろう（ダライ・ラマ Dalai Lama 1984, 13）。

実際に、仏教徒は、自分とは異なる信仰を持つ人に対して、ほとんどどこでも分け隔てなく開放的で、友好的である。

ユダヤ教はユダヤ民族の契約宗教として、定義上は自らが唯一の真の信仰であるとは主張しないし、また、非ユダヤ人がユダヤ教に改宗することはいつでも可能だとしても、通常は困難なことである。今日のイスラエルにおける超正統主義の少数派である過激なシオニストや反イスラム的国粋主義は、偉大ではあるが悲惨なしかたで搾取されてきた信仰の醜悪な側面である。

これを裏返したものが、中東およびさらに遠国にいる多くのイスラム教徒のなかの過激な反シオニズムである。しかし、昔はユダヤ教徒とイスラム教徒は多くの地域で平和に仲良く暮らしていたのであるが、今後イスラエルとパレスチナの問題が解決したあとも、かなりの年月が経たないと昔の状況にもどることは、そう簡単には期待できない。とはいえ、イスラム教はその内部にほかの信仰の有効性を受け入れようとする強力な資質を内包している。コーランを読むと、（前にも引用したように）「神のみ心に適えば、神は必ずお前たちを一つの民にされるであろう（信仰告白）。ただし、神は与えたものでお前たちを試みることを望まれた。だから善き行為に抜きんでるがよい。最後にお前たちは神にすべてを返すが、そのとき神は何が不足しているかをお前たちに伝えるであろう」（5.48, 1990, 104）。とりわけスーフィの流れのなかで発展してきたイスラムの根本的な教えのうちには、多元主義的な様相が明確である。例えばルーミーの宗教に関する有名な言葉で言えば、「ランプの形は違えども、光は同じ。光は彼方からやってくる」（ルーミー Rumi 1978, 166）。

キリスト教は教義中心の信仰体系であり、しかも正統主義による権威的な執行力が強いので、問題はもっとも深刻である。私たちに理解できる限りでいえば、この教理はどれも歴史的イエスの教えに立ち戻ってはいない。受肉、贖罪、三位一体という中心教義は、後世になってから、明らかに聖パウロに始まるものであり、このパウロの影響力は、新約聖書として正典化された諸書のほとんどにおいて明白である。また、こうした教義は、最終的にはニカイア会議（西暦三二五年）とカルケドン会議（西暦四五一年）において公式に定められたものである。

しかし、再び私たちに理解できる限りでいえば、イエス自身の教えのうちにも、また発展していくキリスト教の伝統のなかにも、さらに広い視野に向けて開かれた、種々の源泉がある。イエスはさまざまな機会を捉えて、ユダヤ人社会の枠を超えた癒しと助けの聖務に従事し、人びとに向かって自分は神から遣わされた者であると見なした。これは、神の慈愛が伝統的な枠に縛られるものではないことを示したものと見ることができる。さらに重要なことは、教会の初期の教父のなかには非常に広い視野を持つ者がいたという事実である。ユスティノス（西暦およそ一五〇年）は「理性に従って生きる者は、たとえ無神論者であろうと、皆、キリスト教徒である。ギリシア人のなかではソクラテスやヘラクレイトスがそうであり、ほかにも……」という見解を保持した。(3) 初期の神学者のなかにも、さらに偏見のない人物としてアレクサンドリアのクレメンスがいた。四世紀以降、コンスタンティヌス一世およびその後継者の下で始められた教会と帝国の融合によって、またルネッサンスを機としてより開放的な思考や探究が再び現れてきたことによって、排他的な教条主義が広く優勢となった。一四五三年、ニコラス・クザーヌスは宗教間の関係についての書物を著し、「儀式の多様性のなかに唯一の宗教が存在する」と述べた。(4) 十六世紀の宗教改革は、ローマ教会の教条主義に対抗して厳格なルター派およびカルヴァン派の教条主義を生じさせることになった。ミシェル・セルヴェは、カルヴァンのひざ元であるジュネーブで火刑に処せられ、またローマの異端審問では多数の異端者が拷問され火刑に処せられた。しかし十七―十八世紀の啓蒙主義の時代になると、スピノザ、モンテスキュー、ヴォルテール、バイル、ロック、ジェファーソン、ホッブス、ヒュームなど、著名な自由思想家たちを通して社会思想や宗教思想のなかに理性を用いる動きが広がった。そして十九世紀になると、聖書が説く創造論の字義的理解とは相容れない、地球の年齢や生物進化に関する科学上の主要な発見が相次いだ。このことにより、現在も続いている伝統的な正統主義の信念と慣習の衰退がはじまった。いまこそ、キリスト教もまた他の宗教伝統と等しく、救いに有効な伝統の一つであることを受け入れるときであろう。伝統的キリスト教にはさらなる段階に進む時が来ている。おそらく、それは自らの生死を賭けてのことであろう。このことについては、このあとさらに述べる。

それでも多元主義は既存の宗教的慣習と相容れるのか

ケリー・ジェームズ・クラークに戻ろう。クラークの問題は、とりわけアメリカの「バイブル・ベルト」やブラック・アフリカ、それに南アメリカの一部の地域において、何百万人もの人びとと共有されていて、強固に福音主義的で、神学的に教義主義的なキリスト教の形態のなかで起きている。自分の家族の物語を例にとって、クラークは次のように述べる。

私たちはイエスの復活を祝うために晴れ着に着替えて、大急ぎで教会に行く。子どもたちは、神が自分たちのことをとても愛してくれているので、そのひとり子をこの世に送り、自分たちのために十字架上で死なせたこと、また神が罪と死と悪魔に打ち勝ったこと、そして十字架上で清算された取引を保証するために、神が自分たちの生活のなかにまで聖霊を送り込んでくれていることを聞くであろう（クラーク Clark 1997, 318）。

しかし神には子があって、その子を十字架の上で死なせるためにこの世に送り込むとか、悪魔がいて、その悪魔がその死によって打ち負かされ、それによって罪と死に「打ち勝った」（とはいえ、罪と死はいずれもいまだ衰えていない）とか、神には聖霊があって、これを教会員の上に、あるいは教会のなかに送り込むなどの考えは、神学的に粗雑である。それでも、この考えは広く流布している。『インディペンデント』紙に掲載された投書のなかには、「イエスは弟子たちを残して天にのぼり、父なる神とともにおられるとき、イエスは弟子たちに、世界中に出て行って、すべての民を弟子とするように教えた」というものがある。(5) このすべては、正統主義の教えでないということにとどまらない。というのも、三位一体の教義は神に子があるということではなく、父と子と聖霊が同等であって、これにより神が構成されているからである。マタイによる福音書の二八章一九節の聖句「あなたがたは行って、すべての民をわたしの弟子にしなさい」は、歴史上のイエスが語った言葉であるとは到底思えない。ところが、これこそ私が十八歳のころに心の底から信じていたキリスト教の福音であり、原理主義的な信仰に向かう強力な福音主義の改宗を私は体験したのである。しかし、これがそのままキリスト教と同定されることはないだろうし、また幸いなことに、これが伝統内で供される霊的な養いの唯一のかたちでもない。それでも福音派に判で押したようについてまわる教条主義がもとで、クラークは、「もしヒックのカント的な実在理解が正しいとするならば、ヒックは自分のためにだけ、それを守るべきである」と結論する（同書、319）。

「クラークの哲学的批評にもかかわらず、ヒックが唱えるカント的な説明は、それでも真実であるかもしれない」（同書、317）と認めながらも、クラークは、福音派や原理主義者を含む伝統的キリスト教徒の単純な信仰を残そうとして、多元主義の立場を確信する人びとに向かって、彼らが真実であると信じていることを隠すように促している。これは、どちらかと言えば非常に理性的である哲学者にしては大いに非理性的であり、驚くべきことであると私は思う。クラークが小さい子どもに向かって話しているのであれば、もちろん問題はない。子どもが小さいときには、おそらく私たちは皆、もっとも簡単な言葉を使って子どもたちに神のことを話して聞かせたであろう。また教育者であれば、少年期の心がさまざまな段階を経て発達し、しだいに複雑な考えを吸収することができることを知っている。しかし、教会の信徒の群れを知的な子らとして扱うことは、何も考えないキリスト教徒のゲットーを生みだすことにしかならないし、事実、そうなる。そこでは神学上の問題も、聖典に関する最新の歴史研究も、不問に付される。（ここで私は、法学を中断して教会の牧師になるための勉強をしはじめたころの経験をもとに語っている。私は神学校に入る前に、大学で哲学の学位を目指していたのである。当時、私は「福音会」と呼ばれる団体の熱心な会員であったが、同時に哲学の勉強に後押しされて、いろいろ疑問を抱くことがあった。そして、私が非常に明白な疑問を取り上げたとき――例えばイスラエルの民がアモリ人を殺すための時間ができるように、神は太陽の動きを二十四時間止めたという旧約聖書の物語をどのように理解すればよいのか(6)――このような疑問を抱くことは、背教の兆候と見なされることがわかった。このことがきっかけとなって、私はキリスト教信仰の狭いかたちから徐々に、ゆっくりとした長い動きで、離れはじめた）。

既存の諸宗教

それでは、既存の諸宗教の慣習に対する含意はどのようなものであろうか。そのようなものは、ほとんどない。自分たちの信仰だけが唯一有効な信仰形態ではないということを受け入れることのできる伝統は、徐々に内部変革を進めることにより、これまでつねにしてきたように変化し続けるであろう。

私たちの旅を東洋から始めるならば、まず仏教徒の慣習は、一人でするにせよ、寺院や僧院で集団的におこなうにせよ、本来的には瞑想である。僧院での瞑想の場合は、抑揚をつけた読経、鉦《かね》や色彩豊かな旗、場合によっては無数の仏像が用いられる。もっとも特徴的な瞑想には二つあり、一つは上座部仏教とチベット仏教の伝統で教えられている止観行である。これは知的内実をいささかも散じることのない何ものかであるように、眼を閉じて、自らの呼吸に集中する瞑想である。もう一つは禅である。何も書かれていない壁や目前の床に向かって、眼を開けたままでおこなう瞑想である。どちらも、あらゆる思い（記憶、願い、恐れ、計画、予測など）から心を空にする行き届いた方法である。このようにして、私たちに内在しつつ超越している真の実在に向けて、つまり、普段はそれと意識してはいないが、常時そこに私たちが生きている「真の実在」に向けて、心を開くのである。どちらの瞑想も、人生のどのような瞬間にも平静さと心の充実、また道徳の成果である憐れみの情——あらゆる生き物に対する共生の意識と関心——を生みだそうとする。悟りに達した意識によって実現される「真の実在」に関しては、自分ひとりでこれを体験することが唯一これを知る道である。仏陀の言葉は、要するに完全に悟りに達した者が請け合うところの、「行じて悟れ」という言葉であった。どちらの修行も容易ではない。最初のうちは心がふらふらと揺れ動く。しかし禅は、この二つのこと（行と悟り）をさらに要求する。より厳格な日本の臨済宗（曹洞宗とは区別される）では、十分な悟りに達して禅の師家《しけ》となるまでに十年もかかることがある。簡単に済ませる修行やその結果は本物ではないと見なされる。黙想の行に加えて、仏教の歴史は深い哲学的な思弁の宝庫であり、さまざまな宗派の膨大な文書のなかに書き残され(7)、現在も増え続けている(8)。

しかし、このすべては、多様に異なるこれらの哲学タイプのどれかに仏教徒が帰着する、あるいはどれにも帰着しないということとは関係なく、また宗教多元主義に対する当人の姿勢とも関係なく、生起する。仏教徒の勤行とその道徳的な「実《み》」は、意識的に多元的な世界のなかで変わることなく続いている。

現行の、そして歴史の視点においては一時的な、政治に動機づけられたヒンドゥー教排他主義の再起にもかかわらず、ヒンドゥー教徒は一般に、いつも生来の多元主義者である。選ばれた神への献身的信仰、儀式、黙想、祈り、聖なる川や土地への巡礼など、ヒンドゥー教徒のさまざまな慣習は続いている。こうした慣習は、黙想を通して得られる献身、仕事、洞察という三つの等しく有効な道として理解される。さまざまな神々や女神の信奉者たちは、自分たちのものが唯一真実の神であると競い合うような主張はしない。なぜなら、どの神々も女神もすべてブラフマンという究極的にして言語に絶する実在の顕現だからである。詩人カビールのような多元主義的な著述家たちは、ヒンドゥー教徒にもイスラム教徒にも通じる心像に近づいて、広く影響を与えてきた。

僕《しもべ》よ、お前はどこに私を探すのか。
見よ、私はお前のすぐそばにいる。
寺のなかでもモスクのなかでもない。
　カーバ神殿でも、カイラーサ寺院でもない。
清めや祓いの場でもない。
　ヨガや放念のなかでもない。
お前が心から求める者であるならば、すぐにも私を見つけだすだろう。
　一瞬にして私を見つけだすだろう。

（カビール　Kabir 1977, 45）

マハトマ・ガンディーの生い立ちには、私がヒンドゥー教徒の心に見る生得的な多元主義と呼んでいるものが見られる。ガンディーの家族には、ヒンドゥー教のほかにジャイナ教、イスラム教の隣人や友人がいて、「至高者はあれこれ無数の方法によって求められうるという事実を受け入れることは、若きガンディーにとって自然なことのように思われた」（シャテルジー Chatterjee 1983, 15）。「世界の偉大な諸信仰は一本の木の多くの枝にも似ている。それぞれに異なるが、源泉は同一である」(9)という多元主義的な結論に導く実在の非一面性（アネカンタヴァーダ）、つまりは多面性という概念をガンディーに紹介したのは、ジャイナ教の友人であった。

ここで紹介するのは東洋と西洋を等しく本拠として、学問を広く学び、深くきわめたことで知られる「ヒンドゥー・ブッディスト・クリスチャン」のレイモン・パニカーの証言である。

私は母国語と同じくらい多くの言葉を理解し、話すことができる。……これは言葉だけでなく、宗教についてもそうである。キリスト教の言葉を使うとき、本当に心の底からキリストが真理であると告白し、ガンディーが神について語ったように、言葉を逆さにして、「真理はキリストである」と言える。……これはキリスト教の言葉であるが、しかし解放の力や救いの恵み——それぞれの宗教の信者のためだけでなく（それは明白である）、私自身のためにも——を伝えるほかの宗教の言葉も話すことができる。私はキリスト教からの翻訳をしているのではなく、ほかの宗教の言葉を語っているのであり、自分が「同じこと」を言っているとは思わない。それは心から自分の信念を言い表している人と同じこの私自身である……。私は諸宗教に深い再解釈を付託し、そのことに自分が単独ながら、しかし意識的に責任を感じているという事実を反省するならば、私はキリストによって、ヒンドゥー教と仏教の偉大な導師たちの足元に座るようにと導かれたキリスト教徒である。私がヒンドゥー・ブッディスト・クリスチャンとしてあるということは、このことなのである（パニカー Panikkar 1999, 44-45）。

イスラム教の場合、現在ではまだ一部の少数派にしか受け入れられていないが、一般にイスラム教徒が宗教多元主義の基本的な洞察を受け入れようとするとき、イスラム教の「五行」がしっかりと立ちはだかる。七世紀のアラビアで始められた多神教を明確に拒否する新たな革命的な教えを本来の意味で理解するならば、また、ムハンマドは唯一の預言者ではないが、長い系譜の最後に位置する預言者――正統的には最後の預言者――とするコーランの主張に照らして「ムハンマドは神の預言者なり」との言葉を理解するならば、「アッラーのほかに神はなく、ムハンマドはその預言者なり」との信仰告白は、宗教多元主義と全面的に相通じるものがある。一日に五回祈ること、収入の一部を必要とする者に与えるザカート（喜捨）の支弁、ラマダーン月のあいだの節食、そしてできれば一生に一度はメッカ巡礼をすること、こうした「五行」はだれを傷つけるものでもなく、信徒にとっては本気で信仰に立ち向かうための大きな助けとなる。今日イスラム学者の数が増えているが、概してその多くは若くて高度に教育を受けた少数派であり、宗教多元主義に好意的である。こうした者たちは世界中に散らばっている。[10] もともと預言者ムハンマドは、自分が受けた啓示はアラブ人の宗教に供するためのものだと考えた。ちょうどユダヤ教がユダヤ人の宗教であるのと同じである。啓典の民という概念にはユダヤ教徒とキリスト教徒が含まれているが、東アジアの宗教は含まれていない。しかし今日、改革的なイスラム思想家の多くは、仏陀を神の預言者として多くの初期預言者の一人に加えている。もっとも仏陀は神を信じていなかったことから、最後に実現できる理念としてではなく、近代キリスト教の大半が排他主義から包括主義に向かう中間段階であったように、有用な中間段階の運動と見なしている。とはいえ、あまり教育を受けていないイスラム諸国の大衆もまた、イスラムの改革的な思想家にしだいに追いつこうとしている。第二次世界大戦が終わったあとも、近代史上、ほぼすべてのイスラム国家は外国が支配する国、あるいは間接的に外国に支配される国であったし、いまなおいくつかの国はそのような状態にある。こうした国では文化が花開くことがなく、新しい考えが行きわたる仕組みも西洋諸国連合の失策によって深刻に妨げられている。すなわち、西洋諸国はパレスチナ人の窮状を終わらせるための効果的な介入に失敗し、またイラク侵攻や、莫大な石油資源を持っているイスラム諸国の王制独裁主義を支持し、または間接的に支配し、腐敗に加担したのである。イスラムには新たなルネサンスが起きなくてはならないが、その兆しはまだ見えてこない。

最後に、キリスト教は、イスラム教が抱える問題と同じくらい深刻な問題を抱えている。もしイエス（もしくは三位一体の第二位格）が受肉した神であり、人類の救いはイエスによる十字架上の贖いの死によってのみ果たされるというならば、キリスト教は、人になった神によって始められた唯一の宗教、それゆえ、ほかのどの宗教にも優って、全人類のために用意された神自身の宗教ということになる。しかし、私たちが新約聖書やキリスト教の成立に関する、近年の歴史研究による発見物に目を向けるとき、受肉の教理はイエス自身によって教えられたものではなく、パウロ（彼は生涯イエスを知らなかった）に教導された教会の創作であって、西暦九〇年から一〇〇年にかけて書かれた第四福音書（ヨハネによる福音書）に反映されたものであり、最後はさらに約二百年後に（三二五年のニカイア公会議で）、公式教義として決められたものである。今日、神の受肉という考えはメタファーとして新たに理解されなければならない。[11]「受肉する」とは、例えば「アブラハム・リンカーンは合衆国の統一を保持せんとする意志を、身をもって体現した」とか、「ウィンストン・チャーチルはヒトラーに抵抗する英国の意志を、身をもって体現した」というときのように、「身をもって体現する」ことをいう。受肉という言葉が文字どおりにではなく、メタファー（隠喩）として理解されるならば、キリスト教でのその言葉の用法は、イエスの神性を前提として出されてくる、さらに二つの教理を必要とすることを差し止める。そのさらなる二つ教理とは、イエスの贖いの死による救いの教理（あるいは、それに関するより大衆的で現代的な改定案の一つでは、イエスの生と死において私たちと苦しみをともにする神の啓示）と、そして三位一体の教理である。これらの教義《ドグマ》がなければ、キリスト教の使信《メッセージ》は、神の実在と善性と愛、およびその結果としての「互いに愛しなさい」という召命に尽きる。

以上に述べたことは、もちろん大いに議論の余地があり、また教会がこの段階にいたるのは、まだ先のことである。教会内での討論は熾烈で手厳しい。私はどこかでこの討論にかかわった（ヒック Hick 1985, 1995, 2001, 2005a, b, c）。しかし、ここはその続きをする場ではない。

十二章　今日のスピリチュアリティ（霊性）

「スピリチュアル」（霊的）および「スピリチュアリティ」（霊性）という言葉は使われ方があまりにも広範囲になり、無意味とも思えるほどになったので、私はこの二つの言葉をもっと限定的な意味で用いたいと思う。つまり超越者の普遍的な存在に対する私たち人間の応答を構成する活動を含めて、私たちの意識（おそらく無意識も含めて）の次元を指す言葉として用いたいのである。また、私が記述したいと思うスピリチュアリティ（霊性）は、本書に登場する宗教理解と整合する。それゆえ、必然的に私の個人的見解を表明することになる。

超越者に関する私たちの意識は、明確な宗教体験のある形態において生ずるか、もしくは私たちの世俗的な西欧社会や大方の北米社会において往々にして生ずる。後者の場合、その意識が生じるのは、絶望的な貧困、抑圧、搾取、自然災害、そしてまた地球温暖化を含む世界的な問題に関して国家や個人の示す酷薄な利己主義性に直面して、人間的な連帯をぜひとも必要とするという、道徳的な召命感においてである。そのため、これについて宗教的な言葉で考えようが、世俗的な言葉で考えようが、私たちの反応は、内的であるとともに外的な私たちの生のうちにある。私がいま論じようとしているのは、より内的な側面である。

宇宙的楽観論

私は先に「偉大な世界信仰」の基本的構造を概説した（本書一四三頁）。そのいずれもが人間の生活の悲しむべき有り様を認めている。それは、他者を犠牲にして自らのことしか気にかけない個人と集団のそれぞれと、その結果として生ずる抑圧、暴力、戦争、搾取、不正、恐怖、悲惨など、広く行きわたる不幸を含むものである。例えば、聖書は「人間は生まれれば必ず苦しむ。火花が上に向かって飛ぶように」（ヨブ記、五章七節）と言っている。また、仏陀は「生まれるは苦、老いるは苦、病むことは苦、死ぬことは苦、不快との接触は苦、快との離別は苦、求めても満たされないことは苦」と言っている。(1) そして、ほかの偉大な信仰は皆、それぞれのしかたで同じことを述べている。しかし、どの信仰も皆、自分が教える救いの道に従えば、限りなくよりよい状態へと向かう可能性があり、また本当にそれを手にすることができるとも宣言している。これらのことは皆、それぞれ異なるが、それでも、すべては生来の自我中心性から、それぞれの宗教伝統内で考えられている超越者中心の新たな方向へと向かう変革の道なのである。このことは個人に始まるが、しかし、そうした個人が増えれば、さまざまな程度において社会に影響を与えることができるようになる。

救いの道がこの世の生を超えていくということも、またそれぞれの信仰に見られる本質的な側面である。次の最終章において、それがどのような形態を取るかについて検討をするつもりである。それぞれの異なる伝統は、それぞれ異なる姿を見せるが、そのどれをとってみても、皆、最終的には限りなくより善い結末へと結びつく、宇宙的過程の一部であるとしている。イギリスの神秘家ノリッジのレディ・ジュリアンの有名な言葉でいえば、「すべてよし、すべてよし、物事のありようはすべてよし(2)」である。私たちは時間とともに絶えず変化する過程の一部分であることを知っており、また、宗教体験の主流においては、この体験が愛なる神の臨在のもとにあるか、あるいはまた善であり温和で友愛に満ちた普遍的実在のなかでの生命過程の一部分であるかのいずれかであることに、私たちは気づいているのである。

しかしこの信仰は、さまざまな人間的状況のなかで簡単に押しつぶされる。極度の貧困と何百万人もの飢餓、残酷な戦争の暴力と非情な抑圧、病気の苦痛、老齢による制約の増加、死の予見といったことが原因である。ホロコースト、ルアンダ、コソボ、スーダンにおける民族大虐殺の犠牲者は、「神はどこにいるのか」と、当然のことながら、問う。このことを和らげることにはならないが、どうしようもなく貧しい世界においては、人びとが信仰によってどんなに深く助けられたことか、また極度に貧しい世界のなかで多くの人びとがどんなに堅く支え合っているかを見ることは、驚くべきことである。しかし現世で、また死後において、私たちがかかわる過程は、私たちすべての体験や観察が示しているように、困難で、挑戦的で、過酷である。しかし、とりわけ聖者やマハトマ（バラモンの大聖）、あるいは覚者と見なされるようなまれなる個人において見られるように、宗教体験の力は究極的に善である実在を啓示してくれる。そのため、彼らに関する知識から私たちは大いに恩恵を受けることができるのである。

聖人たちから受けるインスピレーション（霊感）

ここではキリスト教徒になじみの深い「聖人」という言葉を用いて、ほかの宗教にもこれを等しく当てはめることにする。仏教内では阿羅漢、菩薩、あるいはそのような状態に近づこうとする修行者、ヒンドゥー教の伝統内ではシャンカラ、ラマヌージャ、さらに近年ではラーマクリシュナ、カイタニヤ、マハラシ、そして活動的な聖者マハトマ・ガンディーがいる。イスラム教のワリは宗教的な特別のカリスマによって識別される「神の友」のことである。それゆえ、偉大なスーフィ（神秘家）やシェイク（長老）たちの墓は、今日では巡礼の場所となっている。ユダヤ教徒にとっておそらくこれにもっとも近い存在は、これも主として神秘主義的な流れのなかにあって、そこではツァディーク、すなわち「義人」が崇敬されてきた。ほかにも実在したかどうかはともかくとして、とりわけアブラハムやモーゼといった過去の偉大な人物は、ユダヤ教徒の心のなかで賞賛されている。儒教の伝統内では孔子を筆頭に、のちの儒学者や道学者のような賢者が大いに尊敬されている。

したがって、私が聖人という言葉を使うことによって、例えばカトリック教会によって公式に列聖された人びとのことを意味しているわけではない。無論そうした人びとのなかにも私がいう意味での真の聖人がこれまでにいたが、なかには教会内部の統治を含め政治的な理由から列聖されたり、不十分な情報のもとで列聖されたり、あるいは伝説上の人物なども いる。私がいう聖人とは、他から抜きん出て神に近い人、孔子がいう「天命」に沿って誰よりも懸命に生きる人、また別の道では、さまざまなかたちで体験する超越者に対して応答しつつ、私たち凡人とは違う生き方をする人のことである。そして、私たちが手にすることのできる基本的な基準は、そうした人びとの生き方のなかで結実される道徳的、霊的な「実《み》」である。

しかしどの伝統内であろうと、現に生きている一人の聖人は死んでいる十人の聖人に勝る。これは本来的にではなく、現在の私たちのために、である。過去の聖者はもはや直接に私たちとは関係がないし、聖者物語には尾ひれがつき、聖性も誇張され、さらに聖人伝なるものは著しく非現実的である。聖者が完全な人でないことはすぐに忘れられる。そのような人は過去に存在せず、またこれからも出現しない（完全な人という概念はそれ自体あいまいで、定義もできない）。聖者はすべて人間であり、欠点がある。しかし、今日多くの人が個人的に知っていて、現に生きている人もいる。その人の生き方は、その生き方を通して光り輝く。「彼方からやってくる光」によって他の人びとに霊感を与えるのである。とても幸せなことに、私自身もそうした人を四人知っている。二人はキリスト教徒、一人はシーク教徒、もう一人は仏教徒である。そのなかの三人は活動家で、またそのなかの二人は職務の遂行に命を賭けている。そして、いま一人は瞑想家である。私は彼らからインスピレーション（霊感）を与えられ、彼らのことを人びとに知ってもらうために、本書とは別のところで紹介した。(3) もちろん、四人のうちだれ一人として自分が聖人であるなどとは片時も思っていない。

政治的ないしは社会的に活動する聖人の出現は、新たな、主に二十―二十一世紀にかけての現象であって、これは民主主義の広まりによって可能となった。これまでに知られているもっとも偉大な例は、インドのマハトマ・ガンディーである。それ以外によく知られている人物には、インドのヴィノーバ・バーヴェ、アメリカのマーティン・ルーサー・キング、サン・サルバドールの大司教オスカル・ロメロ、ブラジルの大司教ヘルダー・カメラ、スウェーデン出身の国連事務総長ダグ・ハマーショルド、南アフリカのネルソン・マンデラとデズモンド・ツツ大主教、タイのティク・ナット・ハンがいる。

しかし、組織化された宗教の外には、聖人に相当する者は存在することができないのだろうか。存在することができるし、現に存在する。以前、大まかにいって十九世紀以前には、ほぼすべての人が宗教伝統のなかで暮らしていたが、いまはそうでなくなって久しい。大概の人はいまも名ばかりのキリスト教徒、ユダヤ教徒、イスラム教徒、ヒンドゥー教徒、仏教徒、シーク教徒で、ただ自分たちの伝統に従って生まれついた文化との関係だけで生きている。これに対して、意識的に、生まれによる信仰を拒絶した人もいる。例えばＮＧＯで活躍している人のなかに、またそれ以外にも種々の困難や必要に迫られている人のなかにも、極度に貧しい人、飢えている人、抑圧されている人、搾取されている人、戦争や暴力の犠牲になっている人に役立とうとして、自分たちの能力や精力を惜しみなく与える人がたくさんいる。彼らは正義感から、また人間仲間としてのやむにやまれぬ連帯感から、そうするのである。宗教的な立場から見ると、そうした世俗の人びとは思想面での宗教的カテゴリーを使うことなく、あるいはどのような宗教組織にも属することなく、自分たちに内在しつつ超越している超越者の普遍的臨在に対して応答しているのである。

宗教の主要な機能は、活動的である者、ない者のいずれをも含んで、まずは聖人を生みだすことであり、また人びとがその方向に向かうように教導することであるべきだ。

祈り

究極者が人格を持つ存在でなく、また人格と非人格の区別を超えた実在であるならば、他人のために執り成すという意味において祈りをする余地はあるのだろうか。

何もしなければ起きないようなことを、あえて起こすように神に執り成しの祈りをする——病人を癒す、重大事故にあった人を助ける、職業経験を積む、洪水・高潮・地震・火山の噴火・森林火災の被害者を助ける、世界中の貧困をなくす、戦争を終結させるなど——のようなかたちではなく、祈りのかたちをとって自己に暗示をかけること——例えば試験に備えて猛勉強をする、過剰なアルコール摂取を含め危険な薬物を断つなど——は、多くのよい効果をあげることに役立つかもしれない。伝統的な祈りの背後にあるものは神の姿である。この神は思いのままに、地上に奇跡を起こすことができるし、またこの神に向かって私たちは請願をなす。すると、この神は際限のない智慧のなかから最善の道を選んで、私たちの請願に応じたり、応じなかったりすることになる。しかし、この図式は耐えがたい問題を生みだす。自動車事故があったとしよう。事故に巻き込まれた人のうち三人は死亡したが、一人は助かった。命拾いしたので、助かった人は心から神に感謝する。神は彼女を守ったからである。これは神が彼女だけを救って、ほかの三人は救わないと決めた、ということも意味する。このことは、また、神が奇跡的に介入して、貧困、病苦、戦争、不正、さまざまな天災などをなくすことができるはずなのに、そうしないほうを選好している、ということも意味している。これは古くから論じられてきた神学上の「悪の問題」である。もし神が全能であるなら、神はすべての悪を滅ぼすことができるはずである。もし神が全き善であるなら、すべての悪を滅ぼすように望むはずである。しかし悪は存在する。それゆえ、神は全能でないか、全き善でないかのいずれかである。神義論はこの双方に沿ってすすみ、いっそう複雑な理論を展開して、このジレンマを回避する。(4) しかし、どの理論も伝統的な一神論による人格神を前提にしている。

これに代わる考えは、ヒンドゥー教や仏教の考えのうちに多く隠されている。私たちは深い無意識レベルにおいて相互依存のネットワークにつながっており、そのネットワークを通じていつも他人の考えや、さらには他人の感情によっても影響を受け、また影響を与えている、という。東洋では、万物のこの相互依存性のことは、古代ヒンドゥー教によるインドラ・ネット（帝網）の姿で表現され、これが仏教の著述家たちによって使われている。インドラ・ネットは四方八方に無限に広がり、網の結び目には宝石が付けられ、その宝石の一つ一つがほかのすべての宝石を映しだし、またすべての宝石に映しだされてもいる。したがって、限りない全体がどこでも互いに関係しあっている。こうしたインドラ・ネットの姿は、私たちの心のなかの考えや感情が先へ先へと分岐していって、他人に影響を与えていくという様子を象徴している。

しかし、私たちはもちろん一人ひとりが（違いはあるものの）強力な濾過機構を持っていて、それによって個人の自律性を保っている。さらに、さまざまに異なり、しばしば衝突しあう多くの断片的な「情報」（サイバネティックな意味における）がいつも私たちに影響を及ぼし、大きく互いに否定しあったり、締めだしあったりする。こうした潜在的な相互影響力の分野に与する証拠は、ESP（テレパシー）に与する証拠である。それは、私の意見では、非常に強力である——ただし、感動的な現実の事例から得られる証拠に比べれば、研究室の実験から得られる証拠はそれほど強力ではなく、科学的立場からみれば、単なる「逸話」でしかない。(5)

そうした相互影響力があるというなら、何かに困っている人、私たちにその状況がよくわかっている人に対して私たちの熟慮を集中させ、どうにかしてよりましな状況を同定し、さらに懸命に親身になってより善い状態に行き着くことを実現するために、必要な時間をかけることは可能である。非常に多くのさまざまに異なる要因や影響が人の発展段階にはつねに入り込んでくるので、このことが何か目覚しいしかたで役立つかもしれないが、また役に立たないかもしれない。しかしこの見方に基づけば、思考や感情は、善と悪のどちらに対しても純正な力を持つことができる。

また、この世界的ネットワークを特定の個人に向けるのではなく、すべての生に役立てるために使うことも可能である。クエーカー主義の創始者ジョージ・フォックスは、一六四七年一月の日記にこう書いている。「暗黒と死の大海が見える。しかし、その暗黒の大海を光と愛に満ちた果てしなき大海原が乗り越えてくる」。私たちが世界のために瞑想するとき、私たちはこの世界でおこなわれている建設的で有益なあらゆる活動を支える光と愛の大海原に小さな一滴を注いでいるのである。


世界のため、あるいは何か災厄に巻き込まれて、破滅的な危機に苦しんでいる人のために捧げる祈りは、キリスト教徒の祈りであろうと、ほかの信徒の祈りであろうと、語法はまったく違っていても、本質的に同じ目的に役立つ。ただし、その祈りは多くの教会でおこなわれる執り成しの祈りのなかで復唱されるような、ただ世界の諸問題を書き並べた「買い物リスト」を唱えるだけの祈りであってはならない。そのような祈りは、困窮している人びとのことを教会人たちが忘れないようにするために役立ち、一応価値があるかもしれないが、他人のためにおこなう本当の祈りは、リストを読みあげるだけの場合より、もっと長時間の集中を必要とする。再び言うが、修道僧や尼僧や孤独の隠者たちの祈りが常時この世界のための祈りであって、自分の霊的完成のためだけの祈りでないならば、その祈りは人類の幸せのために重大な貢献をしていることになるに違いない。

祈りの背景にどのような手法があり、またどのような哲学があるにもせよ、この種の活動に「効果がある」のだろうか。これは、もちろん実験ともいえるほどに、何らかの組織的な観察が理論的に考案されうるであろうが、いずれにせよ、これは証明されうるのではないか、と私は思う。しかし、人がおこなうことのすべてに多種多様な、たくさんの因子が働いて、他人のためにおこなう祈りや瞑想が持つと思われる効果を選りだすことを困難にしている。宗教の立場から見ると、時には「効果あり」と大いに言えそうなことがある。「ハード」な自然主義の立場から見ると、そういうことはありえないとするのがアプリオリに確実なことである。代わって「ソフト」な自然主義のほうは、こうした超感受的な影響を（普通は排除するが）排除しようとしない。

このことはすべて、宗教的にはとても素っ気ないものに見えるにちがいない。けれども、それはおそらく、哲学が私たちを導きうる限りのものなのであろう。

瞑想

大まかに言えば、そして初期のネオ・プラトニズムの段階以降、たいていの伝統的キリスト教の瞑想形態は、その伝統についての心象と信念で心を満たすことを目指している。これは東方教会でおこなわれている「神の御子、イエス・キリストよ、私を憐れんでください」というイエスの祈りを絶えず繰り返す瞑想のかたちから、イエズス会の創始者イグナチオ・ロヨラ（十五―十六世紀）によって教えられ、西方教会でおこなわれているもっと手の込んだかたちの祈りまで、広範囲にわたる。ロヨラは『霊操』のなかで聖書の特別な場面、例えばイエスが弟子たちとガリラヤ湖の岸辺に立っている様子、あるいは磔刑や昇天の様子などをよく考えて、これを生き生きと心に思い描くこと、さらには内なる声を聞くこと、また時には人を感動させることなどを教える。そのような修練は、伝統とその教理を信者の心のなかにしっかりと植え付けるものである。私はこうした瞑想を経験したことがないので、これ以上論じることは差し控えたい。

これとは正反対の種類の瞑想が東洋の伝統において修行されており、とりわけ仏教では、宗教的な観念や心象も含めて、この世の事柄のすべてに関する意識を空《くう》にしようとする。

その一つのかたちが禅である。禅は中国に始まる長い歴史を持つものであるが、今日では日本においてもっとも集中的に修行されている。禅の世界的な中心である京都の僧院では、一日に数時間、しばしば（連続してではないが）六時間に及ぶ座禅瞑想に加えて、臨済宗の師家《しけ》から修行僧に与えられる、明らかに理解不可能な文言からなる公案（例えば「隻手音声」）の使用が重要である。長年にわたって禅の修行を続けることで、脳の構成や個性が著しく変化することには疑いの余地はない。(6) 私自身が出会った三人の臨済宗の師家にそのことは明らかであった。矛盾することのように思われるかもしれないが、三人は私たちが持っている普通の自我の視点を超越しており、その意味では無我となってはいるが、それと同時に並外れて強烈な個性の持ち主である。臨済宗と異なって、曹洞宗の修行には通常、公案が含まれず、座禅にその本領があり、禅堂の非常に厳しい戒律を守る生活は強要されない。しかし曹洞禅の哲理や修行は、臨済禅のそれとは異なるものの、目指すところは本質的に同じである。

書物が「客観的な」情報をひたすら伝えることができることに対して、ただ体験のみが内なる実在を示すことができるという原理に基づき、私はここで、禅についてこれ以上論じないことにする。それは、私が禅に魅了された傍観者としての知識しか持ち合わせていないからである。

仏教のなかで、そのほかの主要な形態は、サッティパターナ（正念）の瞑想である。これを修行するために人は、私が試みるように（試みるという言葉を強調しておくが）、仏教徒になる必要はない。私はこの瞑想をスリランカのキャンディーにほど近い森で庵《いおり》を結んでいた高僧・ニャナポニカ・セラ師から学んだ。私はかの地に師を何度か訪ね、また連絡を取り合っていたが、師は一九九四年、九十四歳で示寂された。

やり方はきわめて簡単である。気楽に座して背筋を伸ばす。私たちを超越しつつ内在する実在に向けて心を開くよう、気持ちを落ち着かせる。眼を閉じて、いまおこなっている呼吸に意識を集中させる――吸って、吐いて、吸って、吐いて……。ニャナポニカは横隔膜の動きと、ほかには鼻腔に注意を集中するように勧める。最初に数回深く呼吸する。呼吸に注意を向けるためである。そのあとは、意識して呼吸し続ける。その理由は、おそらく生きることの一部という以外には呼吸すること自体に特別な意味はなく、呼吸することが知的な内容や意味を持つことがないからである。そのため、あらゆる思考から意識を空《くう》にし、自分とは別の実在に心を開くのである。禅と同じく、こうすることで生きているどの刹那にも、生きとし生けるすべてのものに対する思いやり（仲間意識と心遣い）という道徳の「実《み》」とともに、心の平静と充溢《じゅういつ》が生みだされる。悟りに達した意識によって現実化された「真の実在」に関して、これを知る唯一の道は自分ひとりでこれを体験することであるにちがいない――私はまだ達成していない。

こうした修行は簡単そうに思えるが、そうではない。少なくとも僧院や庵にではなく、現代的な都市生活のただなかに暮らす者にとっては容易ではない。第一に必要な時間をどうやって作るのか。できれば（たいていの者にとっては）心身ともにさわやかで、まだ一日の雑務にかかわっていない早朝がよい。瞑想の初期段階で心は何度もふらつくが、これにはある程度、先手を打つことができる。注意を散漫にする問題や悩みごとが最初に浮かんだところで、これらはのちほど片づければよいとして、脇によけるのである。しかしながら、ある程度長く瞑想できるようになるなら、それは第二段階である。これは突然に、前触れもなく始まる。この段階ではもう心の迷いはない。無理やり努力しなくても、呼吸だけが意識されるようになる。そして、いつまでも瞑想し続けていられるような気がして、実際にいつもより長く瞑想できるだろう。それはあたかも大勢の人びとがあなたに話しかけてくる――それはあなた自身の思惑の声なのであるが――その最中《さなか》を、あなたの心が乱されない地点にまで苦労して進んできたかのような状態である。さらに、これまで私にはただ一度だけのことであるが、第三の地点に達したことがある。いつのことだったか、あの第二段階に達したあとで目を開いたとき、二通りの方法で何もかもが違っていた。私はここにいて、部屋が私を取り巻いていて、庭が窓越しに見える代わりに、この私は目に見えない全体の一部であった。そして、さらに重要なことには、この私の目に入るものに限定されないあの全体、あらゆる実在の総計が、「よい」「友愛」「温和」であった。それゆえ、悩んだり恐れたりすることは何もありえないように思えた。ここで私は三つの言葉を挙げたが、その理由は、この三つの言葉が通常は人格存在の性質にかかわる言葉だからである。また、多くの人にとっては、それが、それらの言葉で神を理解するしかたであるからだ。しかし、この段階では私はまだ人格神を感じていなかった。また「よい」は「よい一日を過ごす」、「友愛」は「使い勝手がいい」、「温和」は「穏やかな気候」という表現でも使われるが、このほうが私の感じたものに近い。この感じはわずかな間しか続かず、ほんの三〇秒にも満たなかったであろうが、消し去ることのできない印象を残すには十分だった。絶えず「友愛」なる世界にいることを意識し続けるとしたら、それは日々の暮らしにどのような影響を与えるだろうか。人が知りうる唯一の方法で、この私もそれを知りたいものである。これこそが、有神論的に等価の、愛なる神の現前にあるという意識にかなった本当の霊性、スピリチュアリティというものであろう。

自分なりの修練を続けながら、私は三〇分ほど（短すぎるとは思うが）瞑想を試みる。瞑想は、前準備としての「神秘主義的」な古典を数分間読むことで始まる。『カビールの歌』『無知の雲』『バガヴァッド・ギーター』『テオロギア・ゲルマニカ』（筆者不詳）、『キリストにならいて』（ドイツの修道士・トマス・ア・ケンピス著）、『老子道徳経』、イスラムの神秘主義詩人ルーミーの詩集、コーランの一部などである。そして終わりに、三〇分ほど、先に述べたような意味での祈りをする

——何かを神に請願するのではなく、仏教徒が他者のためにおこなう親愛の瞑想と呼んでいる祈りである。

しかし、これが唯一正しいとか、最良であるといえるような霊的修練などはないことを強調しておかなければならない。ある人にとって正しくても、別の人にとっては正しくないことが十分にありうる。さらに、ある個人にとって特定のやり方が人生のある時点で有効であっても、別の時点では有効でないかもしれない。とはいえ、こうしたことについての考えや体験をわかち合うことは有意義であろう。特定の伝統あるいは下位の伝統にどれほど深くかかわっていようとも、ほかの伝統の書物をいくらかでも読んで、できることならほかの伝統の修行者のことをいくらかでも知って、それらの伝統の持つ霊的な豊かさから恩恵を受けることは可能である。

以前私は、私たちの超自然的環境についての意識が、自然環境についての私たちの意識を変え、そのうちに私たちが生きる生き方を変えることを例証する、アナロジー（類比）を用いたことがある[7]。私が見知らぬ建物の広い部屋のなかに入り、とても驚いたことに、私が好戦的な秘密結社の会議に出席していることに気づいたと想像していただきたい。出席者の多くは武装していて、皆が私を同志と見ている。私はこのまま成り行きに任せるのが得策だと判断する。国家の体制を暴力的に打倒するために、抜かりなく非情な計画が練られている。ただならぬ状況が極度に高まり、私はいても立ってもいられない恐怖の状態に陥る。そのとき突然、自分の後ろで静かに回り続けるカメラとともに、この様子を静かに見守る人びとがいることに気がつく。そして、私は間違って撮影現場に紛れ込んでいたのだと知る。状況の解釈、その意味の理解、そしてこの場での振る舞い方――この場合は怖がるのをやめ、その場を取り繕い、撮影の邪魔をしない――の突然の変化のなかに、この気づきがある。それまで私は自動的に状況がきわめて危険であると解釈していたが、いまはさりげなく映画の撮影場面の一部であることに興味を抱いている。しかし、事の成り行きにはどのような変化もない。会議が、謀略が、血に飢えたせりふが前と同じように続けられている。しかし私にとっては、その同じ経験的状況がまったく違った意味を持つようになっている。その状況に対して私の態度は根本的に変わったものになっている。また、さまざまに状況が進行することに対する私の振る舞い方の幅がすっかり変わったものになっている。

このシナリオのなかで、私は新たな別の経験的なデータに気づいた。二階のギャラリー席や、鈍く唸る何台かの撮影カメラである。しかしいま、想像のなかで、この部屋を世界全体に、いや、もっと広く、この物理的宇宙全体に広げてみよう。もはや特別な物理的データが見つかる余地はない。これが、私たちが誕生と同時に紛れ込んだ見知らぬ部屋である。私たちがどこから入るかによって、また、どのような生活状況のもとにあるかによって、その部屋は危険で恐ろしい場所にも、楽しく美しい場所にも、はたまたこの両極端を結ぶ中間の場所にも成りうる。しかし、その場所が私たちにとって意味を持つものとして体験されるとき、私たちは全体的な解釈をしている。そして、宗教的に全体的な解釈は、宇宙を下支えする究極的な実在が、私たち人間の言葉で言えば、「よいもの」あるいは「親愛なるもの」と解する、ということである。それゆえ、レディ・ジュリアンの言葉で言えば、「すべてよし、すべてよし、物事のありようはすべてよし」ということになる。

そのため、真のスピリチュアリティ（霊性）は、聖俗どちらの思考のもとで体験しようとも、超越者に応答して生きるということを意味する。また、スピリチュアル（霊的）ということは道徳性をうちに含む。したがって、その「実《み》」は生き方のなかに歴然と現れる。

十三章　死後はどうなるか

死後にも続く生命への信仰の起源

明らかに人間のものとわかる生命を可能な限りさかのぼると、死者を特別に扱った証拠がある。人間は動物と違って、死者を食べたり、腐敗するにまかせたりはしなかった。発見された葬儀の慣習には、離れた霊が引き続き存在することを信じる象徴的なしるしが含まれている。通常は食物か、武器が、時には装飾品が、先祖のいる霊界への旅を助けるために、死体と一緒に埋葬された。十九世紀後半の人類学者たちはオーストラリア、ポリネシア、アフリカ、南アメリカなどで、当時のままの原始社会を研究することができた。そして、彼らは一般に知れわたっている非物質的な魂についての考えではなく、肉体的な個人の陰影、つまり幽霊のように非実体的な亡霊についての考えを報告した。こうした亡霊は、それが徐々に薄れて、部族の記憶から消え失せるまで、薄暗い霊界で永らえると想定された。これは来世という概念についてのもっとも古い記述に非常によく似ている。

古代のヘブライ人にとって「シオゥル」という言葉は、地下深くの陰気な霊界のことであった。ヨブは次のように嘆いている。「私を一人にしてください。二度と帰れない陰鬱と深き闇の国、暗黒と混沌の国、明かりも闇のように暗い国に行く前に、しばし心を慰めることができるように」（ヨブ記、一〇章二〇—二二節）。また「シオゥル」から戻ることは望めない。「シオゥルに下る者は上がってくることがない」（ヨブ記、七章九節）。（死者の復活の着想は、ゾロアスター教に由来すると思われるが、預言者がいなくなったあとの時代、紀元前三世紀から二世紀にかけて発展した）。近隣の古代シュメール人、アッシリア人、バビロン人がともに薄暗い冥界を信じることになった。古代ギリシア人がいうハデスは、これに非常によく似ている。偉大なアキレスの亡霊はヤギの血でしばし意識を取り戻して、こう言う。「いや、オデュッセウスよ、死んだあとの私のことをそのように気安く言うものではない。こうして、いずれも世を去って亡者となった者どものあいだにあって采配を振るよりは、領地もなく、さほどの生計もない者に雇われる者としてでも生きていたいものよ」（『オデュッセウス』第一一歌、四八八—四九一句）。「霊界の片隅よりはこの世の片隅のほうがまし[1]」と言ったヨルバ人の老人がいる。

　この章の目的に対してこのことが持つ意義は、死後にも続く生命への信仰の起源は現世のあらゆる苦しみのあとに神々しくも天国のような、あるいは楽園のような状態を望み見るという願いから生じたものではない、ということである。なぜなら、最古の文明が死者に対して期待したことを信じてこれを願う者は、誰ひとりとしていないであろうからだ。人びとは死後の生命を信じたが、それは望ましい生命ではなかった。確かに今日、たいていの人は死後にも生きることを望みながらも本当にそのようにできるのかどうか、半信半疑である。しかし歴史的には、その当の望みはその信仰の起源でないことは明らかである。

死に対するそうした初期の理解は、社会組織の細胞としての氏族、部族、国家に個人が没するという枢軸時代以前の没個人化に相関している。最初に自意識を持った個人は王であり、皇帝であり、高位聖職者であったと思われる。そして、死後にも望ましい生き方ができると初めて信じたのは、こうした者たちだけだった。しかし枢軸時代以降（紀元前一〇〇〇年が過ぎるとヘブライの偉大な預言者たちが現れ、ペルシアには預言者ゾロアスター、ギリシアにはピタゴラスやソクラテス、中国には孔子、インドには仏陀とジャイナ教の祖マハーヴィーラが現れ、宗教的創造性の黄金時代に入った）に、また宗教の民主化が徐々に進むにつれて、個別存在と個人の道徳的責任の感覚が発達して、そこから審判とか、天国と地獄という考えに発展したのである(2)。

キリスト教の伝統における天国と地獄

基本的にキリスト教は、天国、または地獄、または煉獄経由の天国における未来の復活の生命を断言する。そして時には地獄の辺土が、また現代では地獄に代わる絶滅が、これに加わる(3)。ここで地獄の歴史を振り返る必要はないが、次のことは言っておきたい。中世の世界では、地獄に対する恐れはきわめて現実的であり、とりわけ死の間際に罪に対する教会の赦免《しゃめん》が受けられなかった者には恐怖そのものであった。また、教会の外にいる者は捨てられたも同然であった。

神聖なるローマ教会は、次のように信じ、公言し、説教する。「カトリック教会の外にいる者、未開人に限らず、ユダヤ教徒、異教徒（当時はイスラム教徒を含むものと信じられていた）、教会分離論者は、何人も永遠の生命にあずかることはできない。死ぬ前に教会に入らなければ、悪魔と悪魔の天使のために準備された永遠の業火に投げ込まれるであろう」（フィレンツェ公会議一四三八―一四四五年）。

しかし近代世界では、そしてもっとも保守的なキリスト教徒を除けば、永遠の地獄は神話のなかに消え失せている。天国も同様に消え去っている。もはや天使たちが神の玉座の前で讃美歌を歌うことはない。いまや天国はあいまいな希望であり、私たちは天国について語ったり、心に描いたりすることを避けている。もっとも讃美歌集の多くは、前の世紀から愛唱された語句を残している。

まことの喜びに満ちた国がある。
　聖人がほろびることなく治め、
いつまでも続く日に夜はなく、

楽しみが苦痛を追い払う。

あるいは、

あらゆる悩みは永遠になくなる。
さあ、シオンの歌を歌って、
褒め声はやまず、とこしえに空に舞い、
主を称えます。とこしえにあがめます。

天国と地獄はなぜ、ここでもまたもっとも保守的な者を除けば、キリスト教徒の想像力に基づいた支持を失くしてしまっているのだろうか。天国と地獄という考えは、多くの疑問を提起する。永遠に生き続けるということは、現在の自分にとってどういうことなのだろうか。何百年、何千年、何百万年、またその何百万年も過去にさかのぼる長い記憶を保つことなのだろうか。それとも来世の生命は時間と無縁の世界なのだろうか。すると、私たちは死ぬと同時に、もはやそれ以上の変化を受けずに「凍結」するのだろうか。あるいは、死の瞬間に救いは完成されるのだろうか。けれども、いきなり完成された「私」は、それでも私なのだろうか。こうした疑問を抱くことは、現代の神学者たちにとっては非常にまれなことである。けれども、もっと自由だった十二世紀の初頭と中期の神学者たちは、こうした疑問を問いただした。しかし十九世紀のキリスト教の著述家たちは、教義上の答えを用意した。C・R・マストンの『来世の認識または天国につづく地上でのキリスト教徒の友愛』は一八三一年に第二版が出版されたが、この種の著作は山ほどある。著者は、天国には完全、永続、前進があるだろうと教え、「結婚の同意」を含めてこの世で友人とすべき、あるいは友人とすべきでない人についての結論をだす。けれども、こうした考えは、今日ではどれもまったく非現実的である。天国における永遠の生命がもはや真剣に信じられなくなったキリスト教以後の時代に、私たちは伝統的な言葉が相変わらず語られ歌われる葬儀をしているが、これは近親者との死別による心の痛手を癒すのに一応役立っている。しかし死に直面して私たちの世俗化した社会は揺らいでいる。最良の望ましいことは、私たちのからだがほかのすべての物体と同じようにリサイクルされているあいだ、家族や友人との思い出のなかでしばらく過ごし、それからおそらく他人のために何かこの世に変化のしるしを残すことであろう。結果は、避けられない死の接近を脅威とすること、つまり私たちが心のなかから締めだすような、何かとても受け入れがたいものとすることである。私たちは、いつかは死ぬことを知っているし、またそのことを受け入れている。そして、もし私たちが賢明であるなら、自らの死に法的対策を講じておく。しかし、いずれにしても文明は死を隠して、できるかぎり忘れ去ろうとする。しばしば指摘されてきているように、かつて西洋社会ではおおっぴらに性を語ることはなかったが、今日では死を語ることが暗黙のうちに禁じられている。例えば夕食会の席上で死を話題にすることは無作法どころか、もっとよくないこととされている。

宇宙的救済を信じる神学者たち——今日では非常に多くなっている——にとって、地獄（もしあるとすれば）は空っぽである。だれもが皆、実際に天国に受け入れられるのである。それでも煉獄は、この世と天国の中間状態として見直されるという意味で、いまなお必要とされている。どれほど長く困難であろうとも、私たちは皆、罪深さから更正する可能性と、そしてより良い資質の強化と増進に大きな可能性を秘めている。最終的に天国か地獄に行く前に、何らかの連続性が必要であることは、正義と理性がともに要求するところである。にもかかわらず、このことはいままでどのような注意深いしかたであれ、汲み取られたことがない。存続する生命は（復活した身体に）身体化されるのか。もしそうなら、それはどこでそうなるのか。それは身体を持たないものなのか。もしそうなら、それはどのような形をとることができるのか。霊的な成長は道徳的な決断をすることを要求するのか。そうであるとしても、これは、人びとが互いに影響を受け合い、自らの決断が善いこと、あるいは害することを与えうるような共通の環境のなかで身体化されることなしに、可能なことであるのか。

正統派のキリスト教のなかでは、こうした疑問は答えが与えられないままになっている。そして、こうした疑問に対する非公認の思弁が、生まれ変わりとか再生という東方の考えに導く。以下にその内容を検討する。

生まれ変わり

生まれ変わりの概念は、洋の東西を問わず、よく知られているが、これは現在の意識的な自我、例えばいまこの文章を書いている「私」が、死んだあとに再び赤ん坊として生まれてくる。そしてこのことが私だけでなく、すべての人に当てはまる、という考えである。一般のヒンドゥー教では、前世のカルマ（業《ごう》）の結果を反映して、動物に生まれ変わることもあると信じられている。しかし人間のかたちに生まれ変わる場合は、原理上、人の前世の記憶を保持することができるようになる。多くの国で、とりわけインド、スリランカをはじめ、チベット、ブラジル、レバノン、そのほかの国々でも、時おり前世の記憶を持つ子どもたちが見つかっている。当時ヴァージニア大学の精神医学部の学部長を務めていたイアン・スティーブンソンは、こうしたたくさんの事例を調査して、その結果をシリーズ物で出版した。第一回は『生まれ変わりを示唆する二〇の実例』という慎重な表題が付けられていた。またアメリカおよびヨーロッパでは、「退行」催眠を受けた結果、多くの人が明らかに前世のフラッシュバックを体験したという(4)。

ここで報告されている内容の多くは印象深いが、それでも私は、報告されている記憶が本当に前世のものかどうか疑わしく思う。間違った記憶、あるいは一度も生じなかった出来事の記憶を明らかな記憶のように保持することもありうる。事例の多くは、インド、スリランカ、あるいはそのほかの国の子どもが別の村につれてこられたときに、その村のことを思い出しているようであるとか、その村で最近亡くなった子どものものであったという玩具とか何かを覚えているとか、死んだ子の親戚の人たちのことを明らかに見分けているようである、といった類のものである。しかし私たちが注意しなければならないことは、こうした事例が調査されるとなると、当の家族や村社会にとっては生まれ変わりの事例と結びつくことで、大きな恩恵にあやかることになるということである。子どもと家族は有名になり、西洋の調査隊が報道陣や観光客を引き連れてくる。こうしたことが意識的、あるいは無意識的に、子どもに指示を与える動因となったことは否定できないだろう。また催眠退行の場合は、擬似記憶の空想にふける可能性を示唆しつつ、現在生きている個人が彼なり彼女なりの前世にいた著名な人物だったように見えることも大いにありうる。

こうした注意事項があっても、前世の記憶があるとする主張のすべてを退けてよいことにはならない。忘れられていた記憶が時には意識に漏れ出ることも十分に考えられる。しかし、それでも私は、こうした報告を重視してよいものかどうか、疑わしく思う。

さらにヒンドゥー教や仏教の哲学では、生まれ変わりを理解するために意識的な記憶が必要とされるということはない。ここでは、再生するのは現在の意識的な個性ではなく、私たちのうちにある深い要素、本質的な道徳的／霊的本性、生命の流れのなかで私たちがおこなうことや蒙ることのすべてによって影響を受けたり、影響を与えたりする基本的な気質的構造である。これは、不二一元論の哲学では、「神秘体」（リンガ・シャーリラ）と言われる。ただし、これは形も大きさもないので、「～体」と表現すると、誤解されるおそれがある。これは肉体に対応した幽霊のようなものではない。これはむしろ肉体の死後に残る心霊的な実体であるが、のちの世代に胎児のなかで再現されて、新たな意識的個性となる。このとき、基本的な気質を伝える連続体と、ユニークで新たな個性を創り上げる無数の遺伝因子および環境因子の双方が個性の形成に作用する。この新たな個性は心霊的な連続体を担う前身の人物の基本的な道徳的／霊的性質を発達させようとする生得的な傾向性を持つのであろう。これが適切な遺伝的形質とともに、胎児に受け継がれていくのだろうか。もしそうなら、どのようなメカニズムによるのだろうか。ヒンドゥー教徒は大まかな言い方で、それはカルマによる、道徳的／霊的な因果による、と答える。しかし、これでは細かい説明をしたことにならない。

異なる哲学的基盤を持つものの、再生についての仏教の理解は、実際には類似している。ヒンドゥー教の不二一元論の思想が、究極的実在であるブラフマンとの究極的合一である永遠のアートマンや魂を断言するのに対し、仏教の無我（アナッタ）の教えは、これを否定する。経験的な自我、意識的な「我」は、連続する実体ではなく、過程であり、意識の一瞬一瞬の変転極まりないつながりである。持続する実体的な我は存在しない。すべては諸行無常（アニッカ）である。それでは、通常これが自分だと考える状態を構成しながら、ある一瞬の意識から次の一瞬の意識へ移る間のつながりは何か。あらゆるものを、それ自体との関係で捉える瞬間的な自我は、次の一瞬の自我意識を創りだす欲望、希望、期待、恐れの中心であり、多くの生を通して欲望が果てるまで続く。この果てにあるものが涅槃（ニルヴァーナ）の成就、永遠の状態である。パーリ語の聖典では、それは「衰えないもの」「安定したもの」「平安」「朽ちないもの」「すばらしいもの」「驚くべきもの」「目標」だという（『阿含経』相応部 Ⅳ巻 369-371. Woodward（trans.）1956, 251-253）。また『法句経』では「涅槃（ニッバーナ）に優る至福はない」という（サンスクリット語の「ニルヴァーナ」をパーリ語では「ニッバーナ」という）。さらにまた「涅槃（ニッバーナ）の至福を超えたその上には何もない」という（『阿含経』の長老尼偈経 476. Davids（trans.）1964, I, 169）。

この観点に立つと、前世を記憶していることは、普通、実際上は可能でないが、原理上は可能である。ブッダガヤの菩提樹の下で悟りを開いた仏陀の物語において、夜の始まりに仏陀は自分の多くの前世を思いだしたという（『阿含経』中部Ⅰ巻 247-248. Homer（trans.）1954, 302）。朽ちてゆく多くの生命は、この特別の連鎖でつながっている。たとえそれが多くの生命を経由する長い旅の道のりの果てにおいてのみ現実化されるとしても、死すべき生命のこの特別なつながりを構成するのは、この隠れた記憶である。

再生過程のメカニズムについては、仏教もヒンドゥー教と同じく明らかでない。「再連結する意識」という考えがあり、この考えによると、死の間際にある人の最後の思いが直後の新生児とのつながりを作るという。この最後の思いは必ずしもはっきりと意識された思いでなくてもよくて、おそらくは個々人の生命が目指した本質的な本性といったほうがよいだろう。しかしまた、チベット仏教にはバルドゥ（中陰、再生までの中間状態）の期間という考えがある。この中間期に、自我は最後の生における善悪両方の思いやおこないのすべてを潔く受け入れ、新たな再生に向けて準備する自己精神分析の類のことを体験する(5)。

思うにヒンドゥー教や仏教から学ぶべきものは、現在の個性の無意識の深みに、さらに深い道徳的／霊的な本質がある、という考えである。この本質は肉体的な死を超えて、一つの新たな意識的個性に受け継がれ、あるいは多くの新たな意識的個性に脈々と受け継がれていくのである。

どこで生きるのか

私たちは多くの生命を生きるとしよう。それでは、その多くの生命はどこで生きるのか。それはかならずしもこの地上、太陽系のほかの惑星、あるいは宇宙のほかの銀河ということではなく、おそらくヒンドゥー教や仏教の哲学が語るまったく別の存在領域なのであろう。あるいは、私たちの多くの生命の一部はこの世で生き、ほかの部分はどこか別のところで生きるのかもしれない。例えば、代々のダライ・ラマはこの世界だけでなく、特別にチベットという場所で、先代の生まれ変わりとして存在すると考えられている。これに対して仏教もまた、生命が営まれる多くの存在領域について語っている。この領域について、もしも、私たちが知っているこの宇宙のどこにあるのかという意味で、それはどこかと尋ねるなら、答えはどこにもないということになる。別の宇宙という考えは、過去には一般にまったく余計な想像と思われていた。しかし習慣的な意味では、存在しなくても実在するものがあるという考えに、私たちは慣れていかなければならない。というのは、人類以外のものとの交信を試みる科学者の書きものを読めば読むほど、私たちはこれまで受け継いできた数々の想定を棚上げしなければならなくなるからである。宇宙論者のマーティン・リース（彼自身は宗教の信奉者ではない）は、彼の著書『宇宙の素顔』のなかで、一三〇億年ほど前にビッグ・バンで始まるこの宇宙が無数の宇宙の一つであり、そのうちの多くの宇宙で生命が維持されているが、私たちの惑星上の生命より進んだものもあれば遅れたものもあるとする、現在討議されている理論に賛意を表している。その彼が「多元的宇宙という概念はすでに経験科学の一部である」とも主張している（リース Rees 2001, xvii）。物理学者のポール・デイビスは、多重時空系に関する著書のなかで、「これらの別の宇宙は実際に存在しており、あらゆる点で私たちが住まいとしている宇宙と同じように現実的である」という理論を報告している（デイビス Davies 1980, 136）。物理学者スティーブン・ワインバーグもまた「自然の定数は領域ごとに異なる。したがって、宇宙のそれぞれの領域は下位宇宙のようなものである」と語っている（ワインバーグ Weinberg 1993, 176）。実に、信頼に足る科学的推測の視野は、いまや、かつてなかったほどに広がり、興味深いものになっている。そして科学が開けてみせる可能性は、十年前とは比べ物にならないほど神秘的であり、驚異的である。

多くの世界における多くの生命

さて、ここにいたって私は、もっともありそうなシナリオであると個人的には思っているものと、その理由をあわせて述べることにする。それを歓迎する者もいれば、歓迎しない者もいるだろう。

宗教の基本である信仰は、「西洋」の言葉で言えば、善にして愛に満ち、あるいは恵み深くして憐れみに富み、人格的な神が存在する、ということになる。「東洋」の言葉では、人格を超えた究極的実在は温和で友愛で善である、ということになる。この信仰があれば、私たち人間の生命に備わる道徳的／霊的な性質――この二つは切り離せない――は、ただ単にはかない価値ではなくて、永続的な価値を持っているに違いないことは明らかである。宗教の基本となる信仰が十分に基礎づけられていれば、人の生において善いものすべては死によって、永遠に消し去られることなどありえないことになる。現在、生きているこの生命が人間存在のすべてであるはずがない。というか、死んだあとにも自分の生命といえるものがなければならないのである。これと同じ結論に向かうもう一つの考察は、もしこの人生がすべてだとしたら、これほどでたらめに多くの苦しみを与える苦痛や不正があるのは、神が善ではないことの証拠、あるいは私たちが友愛のこもった世界の一部でないことの証拠となる、というものである。したがって、宗教的にはどう見ても、この生命を超えて、さらなる生命がなければならない、ということになる。そこで問題は、それでは生命はどのようなかたちをとるのか、ということになる。

私たちは理性を頼りに、現在考えていることや想像していることのなかから、ある程度答えを絞ることができる。とはいえ、現実は私たちの想像の範囲を超えているかもしれない。

永遠の天国とか地獄に対して直接に解釈を与える伝統的な「西洋」の考えは、あまり意味をなさない。なぜなら、だれも生命の終わりに大聖人か、大罪人のどちらかにぴったり当てはまるような者はいないからである。「中間状態」というものはあるはずだが、カトリックの伝統でいう煉獄はあるはずがない。なぜなら、煉獄では、継続的な道徳的／霊的な成長は見込めないからである。中間状態を可能にすると考えられる唯一の存在のありようは、生誕と死亡によって区切られた、さらなる有限の生命である。なぜなら、時間を貴重なものにし、発展を可能にするものは、そうした区切りからの圧力だからである。しかし、一回くらいそのような生命が増えたとしても、私たちの多くの者にとっては十分ではないだろう。そこで、おそらくは数多くの過去の生命を含めて、数多くの未来の生命という考えが生じたのであろう。一つの生命において達成されたどのような道徳的／霊的成長も、次の生命に持ち越されていくという多くの生命のつながりを通して、人間存在は実際に完成されていくのである、という宇宙的な楽観論が許容されることになる。

この考えは、ミラン・クンデラの小説『存在の耐えられない軽さ』（1984）のなかで、興味深く探究されている。小説のなかで中心人物が次のように考えるところがある。

宇宙のどこかかなたに、すべての人が再び生まれてくる別の惑星があったとしよう。彼らは地球で過ごした人生を、またそこで積み上げたすべての体験をことごとに記憶しているだろう。そして、おそらくさらに別の惑星があって、最初と二番目の人生で体験した記憶を携えて、三度目にまた皆がその惑星で生まれたとしよう。また、おそらくさらに多くの惑星があって、人類がさらに一段と（一つの生命として）それらの惑星で生まれてくるとしよう。……もちろん、この地球（惑星一番、未経験の惑星）にいる私たちは、ほかの多くの惑星にいる人間に何事が起きているかはあいまいなファンタジーで詮索することしかできない。人間はより賢い存在だろうか。成熟は人間の能力の及ぶところだろうか。なんども繰り返すことで成熟することができるのだろうか。［クンデラが言うには］このようなユートピアの視点に立って見るときにだけ、楽観主義や悲観主義という概念を十分に正しく使うことができる。楽観主義者とは、惑星五番における人類の歴史はそれほど殺伐としたものではないだろうと考える人のことである。そして悲観主義者とは、その反対を考える人のことである。

クンデラが考えたシナリオでは、惑星二番で私たちは惑星一番での生命を記憶しているという。しかし、生命から生命へとつづく過程での道徳的／霊的進歩に対しての意識的な記憶が必要だろうか。前世の記憶を無意識的に蓄積していると信じる「東洋」の信仰は、この記憶は原理上取り戻せるとすることで十分であり、またどのような道徳的／霊的な増進、ないしは悪化であれ、これを次の生命に伝える無意識的な連続体があるなら、それで十分である、としているように思われる。この連続体を魂とか霊と呼ぶこともできようが、こうした言葉には余計な意味の含みが持ち込まれそうである。そこで少々煩瑣にはなるが、これを気質的連続体と呼ぶことにしよう。そうすると、ここでいう次の生とは、現在の意識的な自我の生まれ変わりではなく、あらゆる遺伝的および環境的状況によって形成される新たな個性である。そして、この遺伝的環境的状況によって私たち一人ひとりは今のようにユニークな個人とされるのであるが、この新たな個人の基盤において気質的連続体が体現されるのである。

しかし、この気質的連続体と遺伝的形質との関係はどうなっているのか。遺伝子は、脳を含めて私たちに与えてくれる身体をどのように用いるかということまでは決定しない。ジェームズ・マザーズが「遺伝子はピアノの鍵盤のようなものである。ピアニストに何ができるかは教えるが、音楽の作り方までは教えない」と述べたとおりである（マサーズ Mathers 2003, 274）。別のたとえを用いると、自然は私たちに一組のカードを配ったが、何が私たちの基本的な気質の構造に影響し、または影響を受けるかは、持ち札の強い弱いにかかわらず、意識的な個人がカードをどのように用いるかにかかっている。私たちは、良くも悪くも自分が置かれた環境に応答することで、つねに自分自身の深い自我を表出し、また形成している。こうした応答の特性が積み重ねられて、基本的な道徳的／霊的性格が形作られ、さらにそれが別の意識的な個人に再現されていくのであろう。

諸宗教の宇宙的楽観論は、それ自体に価値がある最終的な到達状態を予期している。その価値はあまりにも大きいので、たとえ到達以前の各生命が幸せと悲惨、正義と不正、幸運と不運、善性、邪悪、恐ろしい悪、繁栄と極貧などのまぜこぜであるとしても――たとえ、私たちが知っているように、人が置かれた状況のさまざまな度合いの光と影と暗闇、喜びと嘆き、また一時的な多くの自我が他と比べて大いに恵まれることがあろうとも――最終状態にいたるまで連綿とつづく多くの生命を十分に有意義なものにする。

こうした宇宙的楽観論は、私たちの現在の行為や反応の意義が私たちの生きるいっそう大きな生命パターンによって形成されるという原理に基づいている。そして、この生命パターンが何年にもわたって展開するにつれ、私たちの現在の行為や反応は私たちの生に寄与するのである。個人のレベルでは、個人的な関係の決断、職業の決定、多くの種類のかかわり合い、計画的で偶発的な有為と無為のすべてを、私たちは思いだすことができる。こうしたことの意義は、あとになって思い出したときにはじめて、良かったとか悪かったとかわかるのである。現在おこなっていることの意味ないし意義は、将来そこから生まれてくる結果によって大きく左右されるということは、社会として、また国家として、集合的に私たちに当てはまる。そこで私たちは、現在の生はその究極的な意味を未来の生から受け、また未来の生はその究極的な意味を究極的な未来から受けるという、はるかに大きなスケールにまでこの原理を投影することができる。これを視覚的なイメージで語るなら、「池に投げた石の波紋のように」意味の輪は広がっていくのである。それは体験の各々現在の瞬間において特有な、たいていは強烈な直接的意味から、それ以上大きな、例えば十五年間生きたというコンテクストにおいて、それに取って替わる同じ瞬間にまで広がり、またさらなるものにして時に異なる、それとはまた別の年月のあとに体験が受けとめる意味へと広がっていく。こうして、さらに私たちの生が展開するにつれ、ついにはすべてを包摂する究極的な未来の輝きのもとで、この生をはるかに超えるその生の意味にまで広がっていくのである。

また、あらゆる生命が本性的に互いに関連しあっているので、東洋の考えでは、個人のカルマ（業）だけでなく、集合のカルマもあるという。私たちは自分自身の将来的な有限の自我に寄与するだけでなく、この世の生において、またこの世の生を超えている個人の将来にも寄与しているのである。

そこで私の提言は、私たちの現在の生が多くの束の間の自我を通して連綿とつづく過程に対し、何らかの貢献をしているものと認める、ということである。前に使った比喩を用いるなら、私たちはたいまつのバトンを持っていて、自分に任された僅かな時間を走りとおす、リレー競争の走者のようなものである。そう考えることで、私たちの現在の生は深い意味を持つことになり、最終的には完成へと向かう、この同じ霊的プロジェクトを引き継ぐ諸々の未来の自我を助長し、あるいは阻害することで、積極的に、あるいは消極的に、何らかの貢献をするのである。

しかし諸宗教についてまわる厳しい教訓は、私たちに深くしみついている自己利益というものを乗り越えることを学ばなければならない、ということである。私たちが現在の自我の重要性に縛られ、あるいはその質を省みることなく、ただ可能な限りその存在が長く続くようにと腐心している限り、死は究極的な脅威のままであり続け、死を考えまいとすることでしか対処できない。しかし、それでも現在の自我は死をまぬがれない。もし私が、自分の断片的でまったく不完全な自我は、長い創造過程におけるただの一瞬にすぎないと考えて、その自我に執着することをやめるなら、恐れや怒りを抱くことなく死ぬ運命を受け入れて、いまこの現在というものを自由に生きることができるのではないかと思うのである。

結論的な要約

これは、一部には、これまで論じてきた内容の要約であり、また一部には、いくつかのカギとなる要点の拡大でもある。

宗教と脳神経科学

一章から五章において、私は超越者に関する認識として考えられる宗教体験に対しての脳神経科学からの挑戦に向き合った。脳神経科学者たちのほとんどすべてが、私たちの文化についての自然主義的あるいは唯物論的な仮説を共有している。彼らは宗教体験を、ときに有益なものだとしても、何らかの神経の機能不全によって引き起こされる現象、つまり妄想として解するのである。けれども一般に脳神経科学者たちは、宗教体験という言葉によって宗教的な諸概念に基づいて構成されるどのような体験のことをも指す。そこで、このことを根拠として、しばしば脳の機能不全にそれらの説明をともなう、実に多くの妄想的なものの実例が存するのである。しかしあらゆる宗教体験を神経生理学の用語で一括して判定する診断のしかたでは、相関性を同一性と見なしてしまう誤りを含んでしまう。意識のなかで生じるあらゆる出来事は、神経系での出来事に相関している。しかし私は、一時期広く心の哲学者たちにもてはやされ、いまなお幾分か支持されている心脳同一論は、受け入れがたいものだと言いたいのである。また今日では創発的性質とか機能主義などといった用語によって、さらに手の込んだ自然主義的な代替案が用意されているが、これもまた、まったく不適切なものだと私は言いたい。これは随伴現象説のかたちをとっているが、これに基づく意識のクオリア（直接内容）は脳機能とは別物であり、それ自体には何の執行力もない。けれども、もし意識が行動に影響しないとしたら、意識はなぜ発達したのか。この問いに対しては、納得のいく答えは何もない。そこで私は、脳と意識の関係はいつも一緒に踊る一組の踊り手のようなもので、あるときは一方が、またあるときは他方がリード役を務める関係にも似ていると結論する。この結論には、非両立論的な自由意志の擁護が含まれている。つまり心と脳は完全に決定されたものとして、人はそのように認知している、ないし理性的にそう信じていると主張するとき、その主張には遂行矛盾が含まれていると最終的に決めつけているのである。すべての個人的な関係だけでなく、文学、絵画、音楽、建築、また同じくすべての偉大な科学的進歩におけるあらゆる創造的な仕事もまた、著しく知的かつ身体的な自由を前提としているのである。

このすべての結論は、（今日、多くの先端的な神経生理学者が認めているように）意識の本性はまさしく不思議なものだということになる。このことは、物理的実在が存在するのと同じく、諸宗教によって言及される実在を含め、非物理的実在もまた存在する可能性が開かれている、ということを意味する。

認識論と宗教体験

そして次の六章から十三章において、私は、宗教体験の広い分野にかかわる者が、宗教体験を超越的実在に関する認識として考えて行動を進める(1)――このさい、つねに「実《み》」による判定基準に従う――ことはまったく良識的であり、理性的であり、また認識論的にも正しいことだと論じた。しかしそのあとで、所与の宗教伝統のなかだけでなく、ほかの偉大な宗教伝統のなかにも、さまざまに異なる形態があるという事実に遭遇した(2)。

宗教はさまざまな神性に対する、またさまざまな霊的修行の超個人的焦点に対する応答なのだろうか。私はこの問いが意味をなさないものだと論じた。なぜなら宇宙を創造し、これを支配するのはただ一者でしかありえないのだから、これについて競い合う多くの神々の管轄権を調停することは不可能のように思えるからである。しかし有神論者が究極者を「汝」として体験し、非有神論者はこのようには体験しないとき、これに対するよい例が私たち自身のなかにあると言う者がいる。つまり私たちの心は人格的であるが、身体は非人格的であると言うのである。そこで有神論的信仰と非有神論的信仰とのあいだにある明らかな不一致は、ただそのように見えるだけであって、有神論的な宗教は究極者の人格的な側面を、非有神論的な宗教はその非人格的な側面をそれぞれ体験しているというのである。とはいえ、これが説得力をもった提言であるとも、納得できそうな提言であるとも言いがたい。非有神論的信仰においては、究極的実在は心とは区別された、人の身体に相当するような「モノ」とは考えられていない。一つだけ例を挙げれば、ブラフマンは言語に絶した「無相」「叙述の範囲を超えている」と考えられている。「……それはまったく明示されえないものであって、いかなる記述もそれを別物にしてしまう」（ラジャクリシュナン Radhakrishnan 1968, 67-68）。それは非物質的な心とは区別された、物質的な身体といかなるしかたにおいても類似的でない。

宗教体験の別な形態における生の「実《み》」が明白に優劣のつけられない、価値あるものだと判断されるならば、いままでどおり一つの宗教だけ（つまり自分の宗教だけ）を唯一の真理として持ち上げ続けることもまた意味をなさない。そこで私は、グローバルに、宗教の多元主義的な宗教解釈というものを提案したのである。これをもっとも簡略に要約すれば、宗教とは、究極的な、言語に絶する、超越的実在者に対する、さまざまに文化的に形成された、人間の側からする応答のことであり、この応答をなすために多様な概念体系をとり、それゆえにまた、多様な宗教体験の形態をとる、ということになる。実在者ないし超越者——その本性は私たち人間の概念の範囲を超え、超カテゴリーである——は、もし人間の宗教体験がグローバルにみて妄想でないなら、かならず存在するはずの者である。私たちはその者自身を知ることはできないが、その者によって私たちは影響を受けるので、私たちはその者を確かに知っているのである。そして、一なる実在が存在するのであって、多なる実在ではないということは、もっとも単純な仮説である。

そして最後に、私は今日の世界に生き続けることのできるスピリチュアリティ（霊性）の形態と、そして幾多の生まれ変わりの形態をとるものと思われる、死後の生命についての私の思弁内容を論じた。

以上がこれまでの章で展開した一連の提案であり、提言でもある。その判断については読者諸氏に委ねたいと思う。

注

一章　宗教体験に対する脳神経科学からの挑戦

（1）ここでは「信仰」という言葉を、証明や根拠を超える確固とした信念という、慣用的な意味で使っているのであって、これを別のところで展開したときの（Hick 1967）、宗教体験を含むすべての意識的な体験内での主観的要素という意味ではない。

（2）リタ・カーター（Rita Carter）は、ニューバーグ（Newberg）が実験対象としたチベット仏教僧たちのことを、禅瞑想を修行していると記述している。事実、禅瞑想の形態はこれとは異なるが、両者は同じ目的に向かう二つの道である。

二章　心と脳は同じものか

（1）可能な反証の試みとして、次のように論じた者がいる。頭蓋骨のなかは空気だけで、脳はないことが発見されたと考えることができるだろう。この場合、意識と脳の同一説は反証されたことになるのではないだろうか。けれども、これは科学的な目的に適う反証の意味ではない。これは次のように言うことに等しい。ガンは悪意をもった悪霊の侵入が原因で発症するという理論は、科学的な仮説である。なぜなら、その真偽が検証されないとしても、ガンなどといったものは存在しないことを発見することによって、その仮説は反証されることになるからである。けれども、これは不適切である。ガンの発症原因に関する仮説は、ガンが観測可能なかたちで存在するという事実の範囲内で進むものだからである。そして神経科学におけるどの仮説も、観測可能なかたちで脳が存在するという範囲内で進むものなのである。

（2）唯物論に対するＥＳＰ（テレパシー）の含意に関しては、プライス（Price 1995, 3）を参照のこと。

三章　現在通用している自然主義の諸理論

（1）オースチンはＳ・ヒリヤードの論文を引用している。S. Hillyard, 'Electrophysiology of Human Selective Attention,' *Trends in Neurosciences*, vol. 8 (1985), 400–405.

（2）例えば、ボネボーとテローラズを参照のこと。Bonebeau and Theraulaz March 2000, 73 f.

四章　もう一つの可能性

（1）『ニューロン・ニュース』（*Neurone News*）二〇〇〇年三月二十日。

（2）『ニュー・サイエンティスト』（*New Scientist*）178, No. 2396, 二〇〇三年五月二十四日、四四頁。

五章　自由意志とはどういうものか

（1）デネット自身は両立可能論的な自由を容認する。

（2）これらの章で私が引用している主要な思想家たちのいずれの著書にも共通するが、デネットの著書にもほぼ同じくらいの長さの応答が許されることになるだろう。そうなると、私自身のこの現著書も延々と書き続けられることになるだろう。しかし、それは本書の意図に適わない。

（3）バチカン・コレクションの格言四〇。

（4）アラン・トランス（Torrance 2004）は、学界の研究活動のなかで前提とされている真理探究の自由というコンテクストのなかで、本質的にこれと同じことを指摘している。

六章　認識論上の問題

（1）「批判的信頼によるアプローチ」という言葉はカイマン・クワン（Kai-man Kwan 2003, 152-169）が言いだしたものである。そして私は、以前の「軽信の原理」よりもこの言葉のほうを好んで使用している。「軽信」は、一七六四年にトマス・リードによって最初に使われ、最近ではリチャード・スウィンバーン（Swinburne 1979, 254-271）によって使われた。また私自身は「理性的な軽信の原理」という表現で使った（Hick 2001, 20）。スウィンバーンの用法は、マーチンの著書（Martin 1986）のなかで批判されたが、スウィンバーンはこの原理を、キリスト教がユニークな真の宗教であるという観点からのキリスト教擁護の蓋然性議論の一部として使用している。この点に関しては、私はこの言葉を問題とならないように使っているが、しかしスウィンバーンによるこの原理をキリスト教以外の他の宗教体験に適用するという問題に関しては、スウィンバーンによる用法の立場は脆弱となる。しかし、私の用法においては、そうはならない。

（2）この中世の状況はナイナム（Nineham 1993）に詳しく描かれている。

七章　認識論的解決

（1）例えば、次の文献を参照されたい。アンダーソン（Anderson 1975）、デンバー（Dember 1960）、フィスク（Fiske 1984）、ハーベイとハントとシュレーダー（Harvey, Hunt and Schroder 1961）、ベルガーとラックマン（Berger and Luckmann 1967）、ホルツナー（Holzner 1968）、アービブとヘッセ（Arbib and Hesse 1986）。

（2）この点に関する別の角度からの論及については、シェレンベルグ（Schellenberg 1993）を参照のこと。

八章　何か特定の宗教でもあるのか

（1）リストに関してはヒック（Hick 1989, 5, 17）を参照のこと。

（2）宗教史の研究者であるロバート・エルウッドは、魅力的で示唆に富む著書（Ellwood 1988）のなかで宗教のライフサイクルをたどってみせた。

（3）哲学者のケリー・ジェームズ・クラーク（Kelly James Clark 1997, 316）は次のように論じている。目に見える形の信仰の「実《み》」が純粋によい動機に根ざしているか、あるいは欺瞞であるか、私たちはけっして知ることができない。なぜなら、私たちはけっして内面的な自我を見ることができず、そのため「行動が真正に道徳的な価値のあるものか否かを判断することができない」からである。このことは（限られた）哲学者だけにできる不条理の類のことのように思える。もしもそれに出会ったときに、道徳的な善性や霊的な変容をけっして見定めることができないとしたら、こうした言葉は意味を失う。幸いなことに、数の上では取るに足りない精神病質者のことはさておき、人間は倫理的存在であり、善い人と悪い人とを、また聖者と甚だしく利己的な人とを区別することができる。

（4）海外宣教調査報告 International Bulletin of Missionary Research (January 2005).

（5）海外宣教調査報告 International Bulletin of Missionary Research (July 2004).

九章　宗教的多元性への対応

（1）「多極的多元主義」という言葉はシュミット・ロイケル（Schmidt-Leukel 2005）に由来する。

（2）多重宇宙理論については、例えばリーズ（Rees 2001）を参照のこと。

十章　宗教多元主義の哲学

（1）最初はヒック（Hick 1989）において、次は哲学の立場からの異議に対する応答として、第二版ヒック（Hick 2005c）のなかで展開された。

（2）「量子物理学において、観察条件と観察結果とは、次のような関係にある。私たちは観察者と観察装置のあいだに、または物理学者の心と物理的実験の結果との間に、分類別の区別を設けることはできない。測定機器と観察者の存在は、観察行為の本質的な側面である。」（ナドーとカフトス〈Nadeau and Kaftos 1999, 41〉）

（3）『神学大全』II/II, Q.1, art 2. ペギス（Pegis 1945, 1057）。ラテン語は'cognita sunt'で複数形であるが、'anything'の意味で単数形として翻訳されることが多い。

（4）ブリハッド・アーラニヤカ・ウパニシャッド、IV.5.15. ラダクリシュナン（Radhakrishnan 1968, 286. cf.）。マイスター・エックハルトの「主はあれでもなく、これでもない」（『説教』二六、エックハルト〈Eckhart 1941, 219〉）と比較されたい。

（5）『エウノミウスを駁す』ニュサのグレゴリー（Gregory of Nyssa 1954, 99）。

（6）『真の宗教』36：67。バーレイ（Burleigh 1953, 259）。

（7）『対異教徒大全』1：14：3。ペギス（Pegis 1955, 96–97）。

（8）『原因説明の書』6。コプレストン（Copleston 1955, 131）。

（9）ニコラウス・クザーヌス（Nicholas of Cusa, 1990, 20）。

（10）『説教』二七。エックハルト（Eckhart 1941, 225）。

（11）第十四章。ヴォルターズ（Wolters 1978, 79）。

（12）『神秘神学』第五章。ループハイト（Lubheid 1987, 141）。

（13）『神名論』1, 2. ループハイト（Lubheid, 1987, 51）。
（14）『神名論』2, 9. ループハイト（Lubheid 1987, 65）。
（15）『神名論』2, 7. ループハイト（Lubheid 1987, 64）。
（16）『神名論』1, 5. ループハイト（Lubheid 1987, 53）。
（17）『神名論』1, 5. ループハイト（Lubheid, 1987, 54）。
（18）『神名論』1, 5. ループハイト（Lubheid, 1987, 52）。
（19）『天上位階論』1 and 2. ループハイト（Lubheid 1987, 146 and 148）。
（20）『天上位階論』2. ループハイト（Leubheid 1987, 148）。
（21）『神秘神学』5. ループハイト（Lubheid, 1987, 141）。
（22）『神秘神学』1. ループハイト（Lubheid, 1987, 136）。
（23）『説教』二八。エックハルト（Eckhart 1941, 228）。
（24）アル＝アラビー（al-ʿArabi 1980, 137）。
（25）諸々の世界信仰は、もし超越的実在に対する信仰が剝奪されるなら、つまり私たちにとって限りなく重要であるものが剝奪されるなら、全面的に骨抜きのものにされてしまう。超越的実在はこの物理的宇宙に内在すると同時にこれを超越しているが、物理的宇宙とは同一のものではない。そのため私たちは、非実在論的あるいは反実在論的な宗教理解は排除しなければならない。彼らの理解においては、神、ブラフマン、ダルマカーヤなどの概念は、人間の使う言葉が不十分であるとはいえ（人の脳を含めた）物理的宇宙を超えるどのような実在にも言及しておらず、ただ私たち自身の理念か希望、あるいは恐れを表出する手段でしかないのである。非実在論者の宗教理論は、今日では俗受けされているが、古くは十九世紀初頭のルードヴィヒ・フォイエルバッハに始まり、今日ではドン・キュピットのような著述家により雄弁に支持されている。とくにキュピットの初期の著作（Cupitt 1980）にこの点がうかがわれる。

十一章　多元主義と宗教

（1）『リグ・ヴェーダ』（I, 164, 46）。
（2）『ダンマパダ（法句経）』（20，1972，220–221）。
（3）ユスティノスの『弁明』（I, 46）。
（4）ニコラウス・クザーヌス『信仰の平和』六節（ニコラウス・クザーヌス Nicholas of Cusa, 1990, 7）。
（5）「インディペンデント」二〇〇五年九月十四日。
（6）「ヨシュア記」第一〇章七―一四節。
（7）一般的な入門書として、カルパハナ（Kalupahana 1976）を参照のこと。
（8）西洋においてもっとも近づきやすいかたちは、日本の京都学派の業績の中にある。例えば、田辺元（Hajime 1986）、西谷啓治（Nishitani 1982. 老境のこの人物とは京都でお会いした）、西田幾多郎（Nishida 1990）、そのほかに阿部正雄の多数の著書、例えば阿部（Abe 1985）がある。阿部とは一時期、クレアモント大学院大学において同僚であった。
（9）「ハリジャン」一九三九年一月二十八日。
（10）十九世紀と二十世紀初頭のイスラム教の改革者については、モアデルとタラトフ（Moadel and Talatoff 2002）を参照のこと。さらに、そこに漏れている主要人物としてスーダンのモハメッド・タハがいる。現代の改革的思想家には次の人びとがいる。アブドルカリム・ソルーシュ（イラン）、モハメッド・アークーン（アルジェリア／フランス）、アリ・アシュガル・エンジニア（インド）、ラファット・ハサン（パキスタン／アメリカ）、シャバル・アクタル（パキスタン／イギリス）、アブドゥラ・アーメド・アナイム（スーダン／アメリカ）、モハメッド・タルビ（チュニジア）、マムート・アイディン（トルコ）、ナスル・ハメド・アブザイド（エジプト／オランダ）、ファティマ・メルミッサ（モロッコ）、アミナ・ウァドゥド - ムシン（アメリカ）、レイラ・アーメド（エジプト／アメリカ）、ファリド・イサック（南アフリカ）、オミド・サフィ（アメリカ）。このなかの何人かはイスラム社会における新たなフェミニズムの発言者である。

（11） この議論については、例えばヒック（Hick 2005a）を参照のこと。

十二章　今日のスピリチュアリティ（霊性）

（1） ドゥッカ（苦）は、不満、不快、悲しみなど、さまざまに訳されているが、これは聖四諦の教えの第一に挙げられているように、普遍的な教えである。ここでは『阿含経』の相応部五から引用した。

（2） ジュリアンの『幻視』（長編）のさまざまな箇所に九回表れる。

（3） ヒック（Hick 2002）を参照のこと。

（4） 『悪と愛の神』（一九七七）のなかで、私が提言したような問題。

（5） この研究分野の手ごろな入門書としては、例えばヴォルマンの編著（Wolman (ed.) 1977）を参照のこと。

（6） 臨床的証拠については、神経生理学者のオースチン（Austin 1999）を参照のこと。

（7） 『信仰と知識』（一九六七）一一三―一一四頁および『魂の探求』（二〇〇四）五六―五七頁。

十三章　死後はどうなるか

（1）タイラー（Tyler 1871, vol. 2, 80）より引用。

（2）例外が二つある。紀元前第三ミレニアム期という早い時代の古代エジプト、およびインドのいくつかの初期ヴェーダ文学である。古代エジプトの碑文によると、ファラオと高位貴族は死後に神の裁きを受けると信じていた。こうした思想の発展に関するさらに充実した内容については、ヒック（Hick 1976, 3）を参照。

（3）このテーマに関する聖書関係の資料については、サイモン（Simon 1958）を参照のこと。

（4）全テーマに関する好意的な調査については、クランストンとウィリアムズ（Cranston and Williams, 1984）を参照のこと。

（5）これは『チベット死者の書』（フリーマントル Freemantle, 1975）に書かれている。ヒンドゥー教と仏教における生まれ変わり、ないし再生に関するより詳しい議論については、ヒック（Hick 1976, 17-18）を参照されたい。

結論的な要約

（1）現代の分析哲学のなかでは、これは最初に私自身が二冊の著書（Hick 1967 および 2001）のなかで論じ、さらに、より詳細にはウィリアム・オールストンによって、彼の著書（Alston 1991）および彼の初期の諸論文のなかで論じられた。

（2）宗教の多様性というこの問題に対して、オールストンと私は見解を異にする。二人のあいだの議論については、ヒック二〇〇一年の再版を参照のこと。

ジョン・ヒック　履歴と著作

以下に記すジョン・ヒックの履歴と著作は、訳者の求めに応じてヒック自身からメールで送られてきたものである（二〇〇九年一月）。以下は個人情報および若干の部分を除いて、訳出したものである。

1. 履歴

一九二二年一月二十日　英国ヨークシャー、スカーボロに生まれる。
現在、英国バーミンガムに在住。
ホームページ　www.johnhick.org.uk
一九五三年、ジョアン・ヘーゼル（バウアーズ）と結婚。一女二男（三男は夭逝）
ヨークのブーサム校で教育を受けた後、エディンバラ大学で学ぶ。一九四八年、主席で卒業、文学修士〈哲学〉。
一九五〇年、オックスフォード大学で哲学博士〈哲学〉。
一九五〇―五三年、ケンブリッジのウェストミンスター神学院で学ぶ。英国長老派教会〈現在の統一改革派教会〉で牧師の任命を受ける。
一九五六年ノーザンバーランドのベルフォード長老派教会牧師。
一九五六―五九年、コーネル大学助教授〈哲学〉。
一九五九―六四年、ニュージャージー州プリンストン大学神学院教授〈キリスト教哲学〉。
一九六三―六四年、ケンブリッジ大学ゴンビル・アンド・キーズ・コレッジ、フェロー〈特別研究員〉。
一九六三―六四年・一九八五―八六年、グッゲンハイム・フェロー。
一九六四―六七年、ケンブリッジ大学講師〈宗教哲学〉。
一九六七―八二年、バーミンガム大学教授〈神学〉。現在、名誉教授。
一九六九年、ケンブリッジ大学嘱託牧師。
一九七〇年、オックスフォード大学嘱託牧師。
一九七四年、インドのヴィスヴァ・バーラティ大学、ベナレス・ヒンドゥー大学、パンジャブ大学、ペリディニアのスリランカ大学の各大学訪問教授。
一九七四年、一九九〇年、英国アカデミー在外訪問研究員。名誉教授。

一九七六年、リーバーヒューム・リサーチ・フェロー。
一九七九―九二年、カリフォルニア州クレアモント大学院大学教授（宗教哲学）。現在、名誉教授。
一九八三―九二年、同大学院大学「世界宗教および文化研究所」所長。
一九八六年、イタリア、ベラッジオ、ロックフェラー基金研究センター、スコラー・イン・レジデンス。
一九九〇年、ゴア大学訪問教授。
一九九五―二〇〇〇年、ランペーターのウェールズ大学。名誉教授。
現在、英国バーミンガム大学「芸術および社会科学高等研究所」特別研究員。
文学博士（一九七四年エディンバラ大学）、名誉神学博士（一九七七年ウプサラ大学）、名誉神学博士（二〇〇二年グラスゴー大学）、グレウィマイヤー賞受賞（一九九一年宗教部門）。
一九六九―七四年、バーミンガム地域社会関係委員会（宗教・文化部門）議長。
一九七五年、バーミンガム諸信仰間協議会における宗教教育公認指導要領改訂のための法令審議会、調整作業部会委員。
一九五六―七五年、英国キリスト教神学会会長。
一九七二―八〇年、バーミンガム AFFOR 活動。

一九七二―八〇年、オックスフォード「インターフェイス・センター」国際コンサルタントおよびバーミンガムのセリオーク・コレッジ評議員。
一九八〇―九四年、米国宗教学会会員。
一九八三―九〇年、米国哲学学会会員。現在、名誉会員。
一九八三―九二年、米国宗教研究会会員。
一九八八―二〇〇六年「哲学百科事典」および「宗教研究」編集委員。
一九九五年以降、諸信仰世界協議会副会長。
一九九八年以降、カリフォルニア州「グローバル・エシックス及び宗教フォーラム」国際部会。

そのほか、国内外の主要な諸大学（日本を含む）において講義、講演。

来日は二度にわたるが、初回の来日（一九八七年）では比較思想学会（於大正大学）、国際シンポジウム「アジア太平洋文化の歴史と展望」（於天理大学）、慶應義塾大学、立教大学、京都大学、花園大学、龍谷大学において講演した。二度目の来日（一九八九年）では国際宗教・超心理学会（於東京・砂防会館）および慶應義塾大学において講演し、多くの日本人の学者、研究者と交流を深めた（以上、訳者による補足）。

2．著作

Faith and Knowledge, 1957, 2nd ed. 1966

Philosophy of Religion, 1963, 4th ed. 1990（『宗教の哲学』初版、間瀬啓允訳、培風館、一九六八年。第四版、間瀬啓允・稲垣久和訳、勁草書房、一九九四年）。

Evil and the God of Love, 1966, 2nd ed. 2007

Christianity at the Centre 1968 = The Centre of Christianity 1977 = The Second Christianity 1977（『もうひとつのキリスト教—多元主義的宗教理解』間瀬啓允・渡部信訳、日本基督教団出版局、一九八九年）。

Arguments for the Existence of God, 1971

God and the Universe of Faiths, 1973

Death and Eternal Life, 1976

God Has Many Names, 1980（『神は多くの名前を持つ—新しい宗教的多元論』間瀬啓允訳、岩波書店、一九八六年）。

Problems of Religious Pluralism 1985（『宗教多元主義—宗教理解のパラダイム変換』間瀬啓允訳、法藏館、一九九〇年）。

An Interpretation of Religion, 1986, 2nd ed. 2004
Disputed Questions in Theology and the Philosophy of Religion, 1993
The Metaphor of God Incarnate 1993, 2nd ed. 2005（『宗教多元主義への道―メタファーとして読む神の受肉』間瀬啓允・本多峰子訳、玉川大学出版部、一九九九年）。
The Rainbow of Faiths, 1955（『宗教がつくる虹―宗教多元主義と現代』間瀬啓允訳、岩波書店、一九九七年）。
The Fifth Dimension 1999, 2nd ed. 2004（『魂の探求―霊性に導かれる生き方』林陽訳、徳間書店、二〇〇〇年）。
Dialogues in the Philosophy of Religion, 2001
John Hick: An Autobiography, 2002（『ジョン・ヒック自伝―宗教多元主義の実践と創造』間瀬啓允他訳、トランスビュー、二〇〇六年）。
The New Frontier of Religion and Science: religious experience, neuroscience, and the Transcendent, 2006（『人はいかにして神と出会うか――宗教多元主義から脳科学への応答』間瀬啓允・稲田実訳、法藏館、二〇一一年）―本書。
Who or What is God?, 2008
Between Faith and Doubt: Dialogues on Religion and Reason, 2010

以上の著作は、日本語のほかに、フィンランド語、スウェーデン語、ロシア語、ポーランド語、ドイツ語、オランダ語、イタリア語、スペイン語、ペルシア語（ファルジ語）、トルコ語、ヒンディー語、アラビア語、中国語、韓国語、インドネシア語に翻訳されている。

なお、編著および共編著は七冊、寄稿は百篇を超え、書評は多数にのぼる。

訳者あとがき

本書はJohn Hick, *The New Frontier of Religion and Science: Religious Experience, Neuroscience, and the Transcendent*, 2nd edn, 2010（Palgrave Macmillan）の抄訳である。原文の第一部と第二部六章を残して、第二部の五つの章と第三部の八つの章を訳出した。この訳出部分において、本書の表題に適う優れた内容に関しての著者ジョン・ヒックの真骨頂が発揮されているように思われるからである。なお、本書には、同書の初版には含まれていない「二〇一〇年版への序文」およびビバリー・クラック（オックスフォード大学宗教哲学教授）の「まえがき」が収録されている。

ジョン・ヒック（一九二二―）は現代イギリスを代表するもっとも著名な神学者、宗教哲学者である。本書では、その円熟した思想と論理を武器として、脳神経科学からの宗教に対する挑戦に真正面から立ち向かい、自らの信念を貫くかたちで応戦している。

脳神経科学（略して脳科学）と心／精神／意識をめぐる問題、あるいは脳科学と宗教体験をめぐる問題は、ヒックのいう「宗教と科学のニュー・フロンティアー」（原本の表題）である。ちなみに日本の哲学会、宗教学会においても、ヒックのいう「ニュー・フロンティアー」をめぐる議論は始められている。日本哲学会編『哲学』(第六十一巻二〇一〇年)には桐原隆弘「脳科学と自由意志」、日本宗教学会編『宗教研究』(第八十三巻 二〇一〇年)には松野智章「神経科学の冒険」、さらに本年度(二〇一〇年)の学術大会にはパネルの一つに「脳科学と宗教体験」(代表者、星川啓慈)が掲げられた。宗教体験と脳科学をめぐる問題は、文字どおり、現代の宗教と科学に残された「最後の未踏領域」、あるいはいま、まさに「最先端の宗教と科学」の関心事である。

ヒックは、議論の出発点として宗教体験こそが宗教の端緒であるとしたうえで、「宗教体験は科学の立場から認められるか」という問いに答えようとする。このとき宗教体験が純正であるかどうかは「あなたがたはその実《み》によって彼らを見分ける」という新約聖書の言葉(マタイ、七章二〇節)を判断基準とする。「私は神に出会った」と言うだけでは単なる不思議であって、純正な宗教体験とはいえない。そうした体験の結果、社会を善化するほどの影響力がその人の生き方のなかに生じたかどうかがもっとも大事なことであって、これが判断の基準とされるのである。ちなみに言えば、「宗教体験は科学の立場から認められるか」という問いは、哲学の立場からはカント以来の認識論にかかわり、科学の立場からは脳科学あるいは心理学から見た、脳と心/精神/意識の理解にかかわっている。そこでヒックは注意深く、自分自身は宗教哲学の立場を踏み外すことなく、それぞれの分野についてはは専門家の所見を参照、あるいは引用しつつ、理性に適った解決策を探る。具体的には、てんかん症と宗教体験の関係、チベット仏教僧の平常状態と瞑想状態における脳内血流の違い、脳のマッピングからみた脳の働きと物理的刺激の関係などに関して、さまざまな事例に当たりながら、自分の宗教哲学の立場からの解釈を試みている。

例えば、てんかん症では発作にともなって強い光を見ることがある。そこで、これを宗教体験と結びつけて考えられる場合があるが、ここでヒックの「その実《み》によって見分ける」という判定基準が働く。すなわち、そのような体験の結果、当人が社会を変革するほどの影響力を持つようになれば、それは真に宗教体験といえる体験だと判断されるのである。ほかにも、精神に作用する薬物を服用することで、あるいは脳外科手術のさいに物理的あるいは電気的な刺激が脳に加わることで、当人に何かが見えることがあるが、それはその場限りのことであり、宗教体験とはいえない。実際には、キリスト教の使徒パウロにしても、イスラム教の預言者ムハンマドにしても、宗教体験をするほどの人物は、個性の強い人ではあっても精神的に健全であり、精力的であり、社会を善化するために十分なリーダーシップを発揮したのである。

このように注意深く判断基準を用意してはじめた「宗教と科学のニュー・フロンティアー」の対話ではあるが、カテゴリーを超えた超越者、言語に絶する究極リアリティを認める宗教と、どこまでもエビデンスを持つものの存在しか認めない科学とでは、議論がかみ合わないことが明らかになる。脳内の視覚にかかわる部位を観察して、そこに血流の変化があることがわかっても、当人が何を見ているかは判断できない。脳科学は外界からの刺激と、脳内の特定の部位の興奮との関係に注目するが、そこで生じていることが当人の心にどのような意味を持つかは問題にしない。挙句の果てに「心とは脳のことである」とさえ言いきる。けれども物質である「脳」と、物質ではない「心」との両者を結びつけることができていないのである。そこでヒックの議論は、宗教と科学をめぐる一般的な議論から、しだいに「心と脳」をめぐる専門的な議論へと深められていく。

「心とは脳のことであり、脳で心は解明できる」（心脳同一論）と「心は脳と別ものであり、脳では解明できない」（心脳差異論）の、この相反する二つの言明は、双方ともに全面的に肯定も否定もできない。したがって、ポパーの反証主義をもちだしても白黒の決着はつけられない。そこでヒックは、コンピュータが情報を操作するのに対して、「私たちの心は情報ではなく意味を扱う」とのローズの言葉を引用する（本書、三章）。宗教と科学の対話がかみ合わない一つの要因は、両者の興味の対象が異なることにある。科学者はテレビ（脳）の仕組みに興味を持つが、宗教者はテレビ番組（心）の内容に興味を抱く。このように宗教と科学の興味が異なる点は、科学の立場から宗教を考えようとする者にとって見過ごすことのできない「すれ違い」の要因である。そしてヒックは、心と脳の関係についてはメタファー（隠喩）を使って、「ダンスを踊る二人のパートナーの関係にある」と言う。あるときは脳が心に働きかけ、別のときには心が脳に働きかけるというのである。そして、ときには心のほうがイニシアチブをとって脳に働きかける場合があるが、これは人間の創造性そのものの持つ基本的な含意であるという説得的な議論をすすめる。その例証が座禅の瞑想者に見る「脳の可塑性」の議論である（本書、四章）。

さらに「感覚体験は強制的であるが、宗教体験は強制的ではない」とヒックは言う。何もしないままで宗教体験をするとは考えられない。宗教体験は、心が超越者を求め、心に受け入れる準備ができ、自我を開いて（あるいは自我を捨てて）はじめて体得される。そこでヒックは禅の瞑想に注目して、座禅が脳の構造と働きを変更し、新たなかたちの意識の存在が可能になるという。例えば座禅をすることで我執にとらわれている自分に気づくとき、意識に新たな広がりが得られる。このとき意識は心の深み、つまり無意識の世界を垣間見ているのである。ヒックはこの点で、無意識の深みに、さらに深い道徳的で霊的な人間の本質があるとするヒンドゥー教や仏教の教えに眼を向ける。

私たちは超越者を、外部の世界を認識するようなかたちで、つまり因果関係によって認識するわけではない。超越者はすでに私たちの心のなかの奥深いところに存在する。だからこそ超越者は、関係性というカテゴリーに属する因果関係では捉えられない存在であり、また宗教体験が気づきによる体験であって、強制的ではないことの理由となる。とはいえ、通常、心の深い部分は閉ざされているので、私たちは超越者が内在していることに気づかない。気づくためには自我を打ち砕き、心を開くことが必要となる（本書、六章）。

ヒックは、私たちには超越者の普遍的存在を感受する能力が組み込まれているという。そして世界各地における宗教体験は、超越的な究極リアリティがだれの心のなかにも存在していることへの応答であるという。その一方で、超越的な究極リアリティは「言語に絶した」あるいは「カテゴリーを超えた」、つまりは人間の概念範囲を超えたリアリティであるともいう。それは超越者が外部世界にあって知覚対象の客体として存在するのではなく、すでに個々人の心のなかにあって、これを体験した者がその都度、知覚情報に頼らずに超越者の概念ないしクオリア（感覚質、すなわち意識野の内容——本書、二章と三章において詳論されている）をつくりださなければならないからである。既存の言葉では捉えられない存在であるがゆえに「神は多くの名前を持つ」のであり、「宗教多元主義」（religious pluralism）がここに要請されることになるのである（本書、十章と十一章）。

宗教多元主義に関するヒックの著作は多数にのぼるが、これに関しては本書巻末の「ジョン・ヒック履歴と著作」の「著作」欄を参照していただきたい。なかでも『自伝』はヒックによる「宗教多元主義の実践と創造」が詳細にうかがわれる好著である。また、関連する新たな文献には、『宗教多元主義を学ぶ人のために』（間瀬啓允編、世界思想社、二〇〇八年）がある。日本を代表する宗教研究者と神学者の計十八名が、この「プルーラリズムの時代に宗教はどうあるべきか」をそれぞれの立場から自由闊達に論じている。参考にしていただければ幸いである。

最後に、本書の出版にさいしては、一般読者を念頭において、できるだけ読みやすいものにしようと心掛けた。その狙いを果たすために、法藏館編集部の富積厚文氏にはいろいろとご協力をいただいた。訳文が正確で、しかも理解しやすいものであるようにと、同氏には訳文や語句の改定案を各章ごとに提示していただいた。さらに、面倒な編集から出版にいたるまでの事細かな仕事を、編集長の戸城三千代氏とともに首尾よく進めていただいた。両氏によるこのような配慮に対し、この場を借りて、心からの謝意を記しておきたい。

二〇一〇年初秋

訳者　間瀬啓允
　　　稲田　実

人はいかにして神と出会うか
――宗教多元主義から脳科学への応答

二〇一一年三月一〇日　初版第一刷発行

著　者　ジョン・ヒック
訳　者　間瀬啓允・稲田　実

発行者　西村明高
発行所　株式会社　法藏館
京都市下京区正面通烏丸東入
郵便番号　六〇〇‐八一五三
電話　〇七五‐三四三‐〇〇三〇（編集）
〇七五‐三四三‐五六五六（営業）

印刷・製本　亜細亜印刷株式会社

ISBN 978-4-8318-1060-1 C1014

【著者紹介】
ジョン・ヒック
1922年、英国スカーボロに生まれる。英語圏で現在もっとも影響力を持つ宗教哲学者。キリスト教、仏教、イスラームなどの世界宗教は「言語に絶する」超越的な究極リアリティに対する様々な応答であると解き、『神は多くの名前を持つ』『メタファーとして読む神の受肉』などの著書により、キリスト教の立場から宗教多元主義への道を拓く。栄誉ある英国ギフォード・レクチャーを収録した『宗教の解釈』によって宗教思想に新たな分野を開拓した功により米国グレウィマイヤー賞を受賞。世界各国の宗教者とも対話を重ね、その思想は遠藤周作最晩年の小説『深い河』などにも大きな影響を与えた。さらに詳しくは、本書「ジョン・ヒック　履歴と著作」の項を参照されたい。

【訳者紹介】
間瀬啓允
1938年、愛知県半田市に生まれる。宗教哲学者。現在、慶應義塾大学名誉教授・東北公益文科大学名誉教授。著書に『エコフィロソフィ提唱』（法藏館）、『現代の宗教哲学』（勁草書房）、『エコロジーと宗教』（岩波書店）など。編著書に『宗教多元主義の探究』（大明堂）、『公益学を学ぶ人のために』『宗教多元主義を学ぶ人のために』（いずれも世界思想社）ほか。訳書に『宗教がつくる虹——宗教多元主義と現代』（岩波書店）、『ジョン・ヒック自伝——宗教多元主義の実践と創造』（トランスビュー）、『増補新版　宗教多元主義——宗教理解のパラダイム変換』（法藏館）（いずれもジョン・ヒック著）などがある。

稲田　実
1948年、徳島県徳島市に生まれる。大阪大学工学部および同大学院工学研究科修士課程修了（工学修士）。㈱東芝に入社し材料開発に従事するかたわら、慶應義塾大学通信教育部に学び、経済学部および文学部を卒業。㈱東芝を定年退職後、現在はルター研究所（ルーテル学院大学）研究員としてルター著作集の共訳作業に従事。さらに慶應宗教研究会会長として、年報「宗教研究」を発刊。共訳書に『ジョン・ヒック自伝——宗教多元主義の実践と創造』（トランスビュー）、共著に『宗教多元主義を学ぶ人のために』（世界思想社）がある。

参照文献

Aleksander, Igor 1999: 'A Neurocomputational View of Consciousness', in Steven Rose (ed.) 1999.

Alston, William 1991: Perceiving God (Ithaca and London: Cornell University Press).

Anderson, Barry 1975: Cognitive Psychology (New York and London: Academic Press).

Ansari, Kwaija Abdullah 1978: Intimate Conversations, trans. Wheeler Thackston (New York: Paulist Press; and London: SPCK).

Aquinas, Thomas 1945: The Basic Writings of Saint Thomas Aquinas, trans. Anton Pegis, vol. 2 (New York: Random House).

Aquinas, Thomas 1955: Summa contra Gentiles, trans. Anton Pegis, vol. 1 (New York: Doubleday). (『対異教徒大全』)

Arbib, Michael, and Mary Hesse 1986: The Construction of Reality (Cambridge and New York: CambridgeUniversity Press).

Armstrong, Karen 2001: Muhammad: a Biography of the Prophet (London: Phoenix).

Armstrong, Karen 2006: The Great Transformation: the World in the Time of Buddha, Socrates, Confucius and Jeremiah (London: Atlantic Books, and New York: Alfred A. Knopf).

Augustine 1953: Augustine: Earlier Writings, trans. John Burleigh (London: SCM Press, and Philadelphia: Westminster Press).

Austin, James H. 1998: Zen and the Brain (Cambridge, Massachusetts: MIT Press).

Badham, Paul 1997: Religious and Near-Death Experiences in Relation to Belief in a Future Life (Lampeter: Religious Experience Research Unit).

Baillie, John 1962: The Sense of the Presence of God (London: Oxford University Press).

Basham, A. L. 1987: 'Asoka', in Mircea Eliade, ed., The Encyclopedia of Religion, vol. 1 (New York: Macmillan).
Berger, Peter, and Thomas Luckmann 1967: The Social Construction of Reality (New York: Doubleday Anchor). (『日常世界の構成』山口節郎訳、新曜社、1977).
Blue, Lionel. 2004: Hitchhiking to Heaven: an Autobiography (London: Hodder & Stoughton).
Blumenthal, David 1978: Understanding Jewish Mysticism: a Source Reader (New York: Ktav Publishing House).
Bolle, Kees 1979: The Bhagavadgita (Berkeley and London: University of California Press). (『完訳バガヴァッド・ギーター』鎧淳訳、講談社学術文庫、2008 年).
Bonebeau, E., and G. Theraulaz 2000: 'Swarm Smarts', Scientfic American, March.
Boulter, Hugh 1998: Religious Experience in the Inter-Faith Context, 2nd series Occasional Paper 15 (Lampeter: Religious Experience Research Centre).
Braybrooke, Marcus 1999: Spiritual Experience That Crosses Religious Divisions, 2nd series Occasional Paper 20 (Lampeter: Religious Experience Research Centre).
Butler, Cuthbert 1967: Western Mysticism (London: Constable).
Byrne, Peter 1995: Prolegomena to Religious Pluralism (London: Macmillan, and New York: St. Martin's Press).
Carrasco, David 1987: 'Aztec Religion', in Mircea Eliade, ed., The Encyclopedia of Religion, vol. 2 (New York: Macmillan, and London: Collier Macmillan).
Carter, Rita 1998: Mapping the Mind (London: Weidenfeld & Nicholson). (『脳と心の地形図―思考・感情・意識の深淵に向かって ビジュアル版』藤井留美訳、養老孟司監修、原書房、1999).
Carter, Rita 2002: Consciousness (London: Weidenfeld & Nicholson).

（『脳と心の地形図２―思考・感情・意識の深淵に向かって ビジュアル版』藤井留美訳、養老孟司監修、原書房、2003）.
Charlesworth, James (ed.) 1991: Jesus' Jewishness (New York: Crossroad).
Chatterjee, Margaret 2005: Gandhi and the Challenge of Religious Diversity (New Delhi and Chicago: Promilla & Bibliophile South Asia).
Chittick, William 1983: The Sufi Path of Love (Albany: State University of New York Press).
Churchland, Patricia 1986: Neurophilosophy (Cambridge, Massachusetts: MIT Press).
Churchland, Paul 1988: Matter and Consciousness, revised edition (Cambridge, Massachusetts: MIT Press).
Clark, Kelly James 1997: 'Perils of Pluralism', in Faith and Philosophy, vol. 14, no. 3 (July).
Conze, Edward 1975: Buddhism: Its Essence and Development (New York and London: Harper & Row).
Copleston, F. C. 1955: Aquinas (Harmondsworth: Penguin).（『トマス・アクィナス』稲垣良典訳、上智大学出版部、1975）.
Cupitt, Don 1980: Taking Leave of God (London: SCM Press).
Dalai Lama 1984: A Human Approach to World Peace (Boston: Wisdom Publications).
Dalai Lama 1990: A Policy of Kindness (Ithaca, New York: Snow Lion Publications).
Damasio, Antonio 1994: Descartes' Error (New York: HarperCollins).（『生存する脳』田中三彦訳、講談社、2000）.
Damasio, Antonio 1999: The Feeling of What Happens (New York and London: Harcourt).（『無意識の脳―自己意識の脳』田中三彦訳、講談社、2000）.
D'Aquili, Eugene, and Andrew Newberg 1999: The Mystical Mind

(Minneapolis: Fortress Press).
Davids, C. A. F. Rhys (trans.) 1964: Psalms of the Early Buddhists (Therigatha) (London: Luzacs).
Davies, Paul 1980: Other Worlds: Space, Superspace and the Quantum Universe (London: J. M. Dent). (『宇宙の量子論』木口勝義訳、地人書館、1985).
De Bary, Theodore (ed.) 1972: The Buddhist Tradition (New York: Random House).
Dember, William 1960: The Psychology of Perception (New York: Henry Holt).
Dennett, Daniel 1991: Consciousness Explained (Boston, New York, London: Little, Brown & Co.). (『解明される意識』山口泰司訳、青土社、1998).
Dennett, Daniel 1996: Kinds of Mind: Towards an Understanding of Consciousness (London: Weidenfeld & Nicholson). (『心はどこにあるのか』土屋俊訳、草思社、1997).
Dennett, Daniel 2003: Freedom Evolves (London: Allen Lane). (『自由は進化する』山形浩生訳、ＮＴＴ出版、2005).
Dhammapada 1972: The Dhammapada, trans. Narada Thera, 2nd edn (Colombo: Vajirarama). (『ダンマパダ・法句経』).
Dhammika, S. (trans.) 1993: The Edicts of King Asoka (Kandy: Buddhist Publication Society).
Dumoulin, Heinrich 1963: A History of Zen Buddhism [1959], trans. Paul Peachey (Boston: Beacon Press).
Dupré s, Louis 1987: 'Mysticism', in The Encyclopedia of Religion, ed. Mircea Eliade, vol. 10 (New York: Macmillan).
Durkheim, Emile 1963: The Elementary Forms of the Religious Life [1912], trans. Joseph Ward Swain (London: Allen & Unwin).
Eckhart, Meister 1941: Meister Eckhart: a Modern Translation, trans. Raymond Blakeley (New York and London: Harper Torchbook).

Eliade, Mircea 1985: A History of Religious Ideas, vol. 3 (Chicago and London: University of Chicago Press).(『世界宗教史』全8巻、島田裕巳・柴田史子訳、筑摩書房、1991).

Ellwood, Robert 1988: The History and Future of Faith (New York: Crossroad).

Finney, John 1992: Finding Faith Today: How Does It Happen? (Swindon: British and Foreign Bible Society).

Fiske, S. T. 1984: Social Cognition (Reading, Maryland: Addison-Wesley).

Freemantle, Francesca, and Chogyam Trungpa (trans.) 1975: The Tibetan Book of the Dead (The Bardo Thodol) (Berkeley and London: Shambhala).(『チベットの死者の書』).

Fried, Itzak 1988: 'Electrical Current Stimulates Laughter', Nature, vol. 391.

Freud, Sigmund 1955: Totem and Taboo [1913] (London: Hogarth Press).(『トーテムとタブー』新宮一成〔ほか〕編集委員訳、岩波書店、2009).

Freud, Sigmund 1961: The Future of an Illusion [1927] (London: Hogarth Press).(『幻想の未来/文化への不満』中山元訳、光文社、2007).

Greaves, Ron 2001: Religious Experience in Islam, 2nd series Occasional Paper 29 (Lampeter: Religious Experience Research Centre).

Greenfield, Susan 1999: 'How Might the Brain Generate Consciousness?', in Rose, ed., 1999.

Gregory of Nyssa 1954: Against Eunomius, I, 42, in Schaff and Wace, series 2, vol. 5.

Haight, Roger, SJ 1999: Jesus Symbol of God (Maryknoll, New York: Orbis).

Haldane, J. B. S. 1927: Possible Worlds (London: Chatto & Windus).

Handley, P. 1992: Finding Faith Today: the Technical Report (Swindon:

British and Foreign Bible Society).
Harvey, O. J., David Hunt and Harold Schroder 1961: Conceptual Systems and Personality (New York and London: John Wiley).
Hay, David 1982: Exploring Inner Space (Harmondsworth: Penguin).
Hay, David 1990: Religious Experience Today (London: Mowbray).
Hay, David, and Kate Hunt 2000: Understanding the Spirituality of People Who Don't Go to Church (Nottingham: University of Nottingham).
Heelas, Paul, and Linda Woodhead 2005: The Spiritual Revolution (Oxford: Blackwell).
Heim, Mark 1995: Salvations: Truth and Difference in Religion (Maryknoll, New York: Orbis).
Heim, Mark 2001: The Depth of the Riches: a Trinitarian Theology of Religious Ends (Grand Rapids, Michigan: William B. Eerdmans).
Hick, John 1967: Faith and Knowledge, 2nd edn (London: Macmillan, and Ithaca, New York: Cornell University Press).
Hick, John 1976: Death and Eternal Life (London: Collins, and New York: Harper & Row).
Hick, John 1977: Evil and the God of Love, 2nd edn (London: Macmillan, and San Francisco: Harper & Row).
Hick, John 1985: Problems of Religious Pluralism (London: Macmillan, and New York: St. Martin's Press). (『宗教多元主義—宗教理解のパラダイム変換』間瀬啓允訳、法藏館、1990、2008 増補新版).
Hick, John 1989: An Interpretation of Religion (London, now Basingstoke: Palgrave Macmillan).
Hick, John 1995: The Rainbow of Faiths (London: SCM Press = A Christian Theology of Religions, Louisville: Westminster/John Knox). (『宗教がつくる虹—宗教多元主義と現代』間瀬啓允訳、岩波書店、1997).
Hick, John 1999: The Fifth Dimension: an Exploration of the Spiritual

Realm (Oxford: One World). (『魂の探求—霊性に導かれる生き方』林陽訳、徳間書店、2000).

Hick, John 2001: Dialogues in the Philosophy of Religion (London, now Basingstoke: Palgrave Macmillan).

Hick, John 2002: An Autobiography (Oxford: One World). (『ジョン・ヒック自伝』間瀬啓允訳、トランスビュー、2006).

Hick, John 2004: The Fifth Dimension: an Exploration of the Spiritual Realm, 2nd edn (Oxford: One World).

Hick, John 2005a: The Metaphor of God Incarnate, 2nd edn (London: SCM Press, and Louisville: Westminster/John Knox). (『宗教多元主義への道—メタファーとして読む神の受肉』間瀬啓允・本多峰子訳、玉川大学出版部、1999 初版).

Hick, John 2005b: 'The Next Step beyond Dialogue', in The Myth of Religious Superiority, ed. Paul Knitter (New York: Orbis).

Hick, John 2005c: 'Introduction to Second Edition', An Interpretation of Religion (London, now Basingstoke: Palgrave Macmillan).

Holzner, Burkhart 1968: Reality Construction in Society (Cambridge, Massachusetts: Schenkman).

Homer, I. B. (trans.) 1954: The Middle Length Sayings (Majjhima-Nikaya), vol. 1 (London: Luzac, The Pali Text Society).

Homer, I. B. (trans.) 1957: The Middle Length Sayings (Majjhima-Nikaya), vol. 2 (London: Luzac, The Pali Text Society).

Houlden, Leslie (ed.) 2003: Jesus in History, Thought, and Culture: an Encyclopedia, 2 vols (Santa Barbara, California, and Oxford: ABC Clio).

Hugh of St Victor 1951: On the Sacraments of the Christian Faith, trans. Roy Deferrari (Cambridge, Massachusetts: Harvard University Press).

Hume, David 1935: Dialogues concerning Natural Religion, ed. Norman Kemp Smith (Oxford: Clarendon Press). (『自然宗教に関する対話』

福鎌忠恕・斎藤繁雄訳、法政大学出版局、1975).
Huxley, Aldous 1977: The Doors of Perception and Heaven and Earth (London: Grafton). (『知覚の扉・天国と地獄』今村光一訳、河出書房新社、1984).
Ibn al-'Arabi 1980: The Bezels of Wisdom, trans. John Farina (London: SPCK).
Ibn 'Ata' Illah 1978: The Book of Wisdom, trans. Victor Danner (New York: Paulist Press, and London: SPCK).
Idel, Moshe 1988: Kabbalah: New Perspectives (New Haven and London: YaleUniversity Press).
Inge, W. R. 1899: Christian Mysticism (London: Methuen).
Isherwood, Christopher 1965: Ramakrishna and His Disciples (London: Methuen).
Ives, Christopher 1992: Zen Awakening and Society (London: Macmillan).
Jacobs, Louis 1973: A Jewish Theology (London: Darton, Longman & Todd).
Jakobsen, Merete 1999: Negative Spiritual Experiences: Encounters with Evil (Lampeter: Religious Experience Research Centre).
James, William 1979: The Varieties of Religious Experience [1902] (London: Collins Fount). (『宗教的経験の諸相』桝田啓三郎訳、岩波文庫、上巻 1969、下巻 1970).
James, William 1981: The Principles of Psychology [1890], 3 vols (Cambridge, Massachusetts: Harvard University Press), vol. 2. (『心理学』今田寛訳、岩波文庫、上巻 1992、下巻 1993).
Jaspers, Karl 1953: The Origin and Goal of History [1949], trans. Michael Bullock (New Haven, Connecticutt: YaleUniversity Press). (『歴史の起源と目標』重田英世訳、理想社、1964).
Jeeves, Malcolm 2003: 'The Mystery of the Mind', Research News in Science and Theology, vol. 3, nos 11/12.

Jessop, T. E. (ed.) 1945: Berkeley's The Principles of Human Knowledge (London: Thomas Nelson & Sons).(『人知原理論』大槻春彦訳、岩波文庫、1958).

John of the Cross, St 1958: Ascent of Mount Carmel, trans. Allison Peers (Garden City, New York: Doubleday Image Books).(『カルメル山登攀』、ペドロ・アルペ/井上郁二訳、ドン・ボスコ社、1957).

Johnson, Steven 2002: Emergence: the Connected Lives of Ants, Brains, Cities, and Software (New York: Touchstone).(『創発—蟻・脳・都市・ソフトウェアの自己組織化ネットワーク』山形浩生訳、ソフトバンクパブリッシング出版社、2004).

Jordan, Ray 1972: 'LSD and Mystical Experiences', in John White, ed., The Highest State of Consciousness (New York: Doubleday).

Julian of Norwich 1978: Julian of Norwich: Showings, trans. into modern English by Edmund Colledge and James Walsh (New York: Paulist Press, 1978).

Kabir 1977: Songs of Kabir, trans. Rabindranath Tagore (New York: Samuel Weiser).

Kant, Immanuel 1947: The Moral Law: Kant's Groundwork of the Metaphysic of Morals, trans. H. J. Paton (London: Hutchinson).(『道徳形而上学原論』篠田英雄訳、岩波文庫、1960).

Kaplan, Stephen 2002: Different Paths, Different Summits (New York and Oxford: Rowman & Littlefield).

Kapleau, Philip 1974: Introduction to Zen Keys by Thich Nhat Hanh (New York: Anchor Books).

Katz, Steven (ed). 1978: Mysticism and Philosophical Analysis (New York: Oxford University Press).

Katz, Steven (ed). 1983: Mysticism and Religious Traditions (Oxford and New York: OxfordUniversity Press).

Klostermeier, Klaus 1969: Hindu and Christian in Vrindaban, trans. Antonia Fonesca (London: SCM Press).

Koenig, H. G. 1999: The Healing Power of Faith (New York: Simon & Schuster).
Küng, Hans 2003: My Struggle for Freedom (Grand Rapids, Michigan: Eerdmans).
Kuschel, Karl-Josef 1995: Abraham: Sign of Hope for Jews, Christians and Muslims (New York: Continuum).
Kwan, Kai-man 2003: 'Is the Critical Trust Approach to Religious Experience Incompatible with Religious Particularism?', Faith and Philosophy, vol. 20, no. 2.
Lanier, Jaron 1999: 'And Now a Brief Word from Now', Journal of Consciousness Studies, vol. 6, nos 8-9, reprinted in Libet, Freeman and Sutherland (eds), 1999.
Libet, Benjamin 1999: 'Do We Have Freewill?', Journal of Consciousness Studies, vol. 6, nos 8-9, reprinted in Libet, Freeman and Sutherland (eds) 1999.
Libet, Benjamin, Anthony Freeman and Keith Sutherland (eds) 1999: The Volitional Brain: Towards a Neuroscience of Freewill (Thorverton, UK and USA: Imprint Academic).
Libet, Benjamin, E. W. Wright, B. Feinstein and D. K. Pear 1979: 'Subjective Referral of the Timing for a Conscious Sensory Experience', Brain, vol. 102.
Ling, Trevor 1979: Buddhism and Imperialism in War (London and Boston: George Allen & Unwin).
Locke, John 1924: Essay concerning Human Understanding, ed. A. S. Pringle-Pattison (Oxford: Clarendon Press). (『人間悟性論』上下巻、加藤卯一郎訳、岩波文庫、1993).
Lowe, Jonathan 1999: 'Self, Agency and Mental Causation', Journal of Consciousness Studies, vol. 6, nos 8-9, reprinted in Libet, Freeman and Sutherland (eds) 1999.
Lubheid, Colm (trans.) 1987: Pseudo-Dionysius: the Complete Works

(New York: Paulist Press).
Ludwig, Kirk 1995: 'Why the Difference between Quantum and Classical Physics Is Irrelevant & to the Mind/Body Problem', Psyche: an Interdisciplinary Journal of Research on Consciousness, vol. 2, no. 16.
Magee, Bryan 1997: Confessions of a Philosopher (London: Weidenfeld & Nicholson).(『哲学人 生きるために哲学を読み直す』近藤隆文訳、須田朗監訳、日本放送出版協会、2001).
Maimonides, Moses 1904: Guide for the Perplexed, trans. M. Friedlander, 2nd edn (London: Routledge & Kegan Paul).
Martin, Michael 1986: 'The Principle of Credulity and Religious Experience', Religious Studies, vol. 22, no. 1.
Marx, Karl 1970: The German Ideology (London: Lawrence & Wishart).(新編輯版『ドイツ・イデオロギー』広松渉編訳、小林昌人補訳、岩波文庫、2002).
Masters, R., and J. Houston 1966: The Varieties of Psychedelic Experience (New York: Holt, Rinehart & Winston).
Mathers, James 2003: Kaleidoscope: an Anthology of the Papers of James Mathers (Cheltenham: Reardon Publishing).
Maxwell, Meg, and Verena Tschudin 1990: Seeing the Invisible (London: Penguin Arkana).
McGinn, Bernard 1994: The Growth of Mysticism (London: SCM Press).
Moaddel, Mansoor, and Kamran Talattof (eds) 2002: Modernist and Fundamentalist Debates in Islam (New York and London, now Basingstoke: Palgrave Macmillan).
Montefiore, Hugh 1995: Oh God, What Next? An Autobiography (London: Hodder & Stoughton).
Montefiore, Hugh 2002: The Paranormal (Leicestershire: Upfront Publishing).
Moore, G. E. 1925: 'In Defence of Common Sense', in J. H. Muirhead, ed.,

Contemporary British Philosophy, Series 2 (London: George Allen and Unwin).
Morris, James 1973: Heaven's Command (London: Faber & Faber). (『ヘブンズ・コマンド』椋田直子訳、講談社、2008).
Nadeau, Robert, and Menas Kaftos 1999: The Non-Local Universe (Oxford and New York: OxfordUniversity Press).
Nagel, T. 1974: 'What Is It Like to Be a Bat?', Philosophical Review, vol. 83. (『コウモリであるとはどのようなことか』永井均訳、勁草書房、1989).
Newberg, Andrew, and Eugene D'Aquili 2001: Why God Won't Go Away (New York: Ballantine Books). (『脳はいかにして"神"を見るか—宗教体験のブレイン・サイエンス』茂木健一郎訳、ＰＨＰ研究所、2003).
Nicholas of Cusa 1990: Nicholas of Cusa on Interreligious Harmony (De Pace Fidei), trans. James Biechler and Lawrence Bond (Lewiston and Lampeter: The Edwin Mellon Press). (『信仰の平和』八巻和彦訳、『中世思想原典集成 17　中世末期の神秘思想』所収、平凡社、1992).
Nicholson, Reynold 1979: The Mystics of Islam [1914] (London and Boston: Routledge & Kegan Paul). (『イスラムの神秘主義—スーフィズム入門』中村広治郎訳、平凡社ライブラリー、1996).
Nineham, Dennis 1993: Christianity Mediaeval and Modern (London: SCM Press).
Nishitani, Keiji 1982: Religion and Nothingness, trans. Jan Van Bragt (Berkeley and London: University of California Press). (『宗教とは何か』、『西谷啓治著作集』第 10 巻、創文社、1961).
Oman, John 1931: The Natural and the Supernatural (Cambridge: Cambridge University Press). (『自然的秩序と超自然的秩序』上與二郎訳、個人的電子図書館、2007).
Pahnke, Walter 1972: 'Drugs and Mysticism', in John White, ed., The Highest State of Consciousness (New York: Doubleday).

Panikkar, Raimon 1999: 'Religious Identity and Pluralism', in Arvind Sharma and Kathleen Dugan, eds, A Dome of Many Colors (Harrisburgh, Pennsylvania: Trinity Press International).

Parriskar, Vasudeva Laksmana (ed.) 1978: Srimad - Valmiki - Maharsi - Panitah Yogava'sistha, 2nd edn (Bombay: Tukaram Javaji).

Pascal, Blaise 1947: Pensées, trans. W. F. Trotter (London: J. M. Dent, and New York: E. P. Dutton). (『パンセ』前田陽一・柚木康訳、中公文庫、2001).

Paul, Gregor 2004: 'War and Peace in Classical Chinese Thought', in Schmidt-Leukel (ed.) 2004.

Penrose, Roger 1995: Shadows of the Mind (London: Vintage). (『心の影—意識をめぐる未知の科学を探る 1 および 2』林一訳、みすず書房、2001、2002).

Penrose, Roger 1999: 'Can a Computer Understand?', in Rose (ed.) 1999.

Persinger, Michael 1995: 'Dr. Persinger's God Machine', by Ian Cotton, Independent on Sunday, 2 July.

Pike, Nelson 1992: Mystic Union (Ithaca and London: Cornell University Press).

Popper, Karl, and John Eccles 1977: The Self and Its Brain (Berlin, London and New York: Springer International). (『自我と脳』上下二巻、西脇与作・大西裕訳、思索社、1986).

Price, H. H. 1995: Philosophical Interactions with Parapsychology, ed. Frank Dilley (London: Macmillan, and New York: St. Martin's Press).

Qur'an 1990: Al-Qur'an, trans. Ahmed Ali (Princeton, New Jersey: PrincetonUniversity Press). (『コーラン』全 3 巻、井筒俊彦訳、岩波文庫、2004).

Radhakrishnan, S. 1953: The Principal Upanishads (London: George Allen & Unwin).

Ramachandran, V. S. 1998: Phantoms in the Brain (New York: William Morrow). (『脳の中の幽霊』山下篤子訳、角川書店、1999).

Rees, Martin 2001: Our Cosmic Habitat (Princeton, New Jersey: PrincetonUniversity Press).(『宇宙の素顔』青木薫訳、講談社ブルーバックス、2003).
Rhine, Louisa 1977: 'Research Methods with Spontaneous Cases', in Wolman (ed.) 1977.
Rose, Steven 1973: The Conscious Brain (Harmondsworth: Penguin).
Rose, Steven 1999: 'Brains, Minds and the World', in Rose (ed.) 1999.
Rose, Steven 2005: The 2lst Century Brain (London: Jonathan Cape).
Rose, Steven (ed.) 1999: From Brains to Consciousness (London: Penguin).
Rumi 1978: Rumi: Poet and Mystic, trans. Reynold Nicholson (London and Boston: Unwin Paperbacks).
Russell, Bertrand 1948: Human Knowledge: Its Scope and Limits (London: Allen & Unwin).(『人間の知識—その範囲と限界』上下巻、鎮目恭夫訳、みすず書房、1960).
Ruusbroec, John 1985: John Ruusbroec: the Spiritual Espousals and Other Works, trans. James Wiseman (New York: Paulist Press).
Ryle, Gilbert 1949: The Concept of Mind (London: Hutchison).(『心の概念』坂本百大、井上治子、服部裕幸共訳、みすず書房、1987).
Sanders, E. P. 1985: Jesus and Judaism (London: SCM Press).
Schaff, Philip, and Henry Wace 1956: Nicene and Post-Nicene Fathers, Series 2 [1892] (Grand Rapids, Michigan: Wm B. Eerdman).
Schellenberg, J. L. 1993: Divine Hiddenness and Human Reason (Ithaca, New York: CornellUniversity Press).
Schimmel, Annemarie 1987: 'Hallaj, Al', in Mircea Eliade, ed., The Encyclopedia of Religion, vol. 6 (New York: Macmillan).
Schmidt-Leukel, Perry 2004: 'War and Peace in Buddhism', in Schmidt-Leukel (ed.) 2004.
Schmidt-Leukel, Perry 2005: Gott ohner Grenzen: eine christliche und pluristische Theologie der Religionen (Gutersloh: Güttersloher

Verlaghaus GmbH).
Schmidt-Leukel, Perry (ed.) 2004: War and Peace in World Religions (London: SCM Press).
Scholem, G. G. 1955: Major Trends in Jewish Mysticism (London: Thames & Hudson).(『ユダヤ神秘主義—その主潮流』山下肇ほか訳、法政大学出版局、1985).
Searle, John 1984: Minds, Brains and Science (London: British Broadcasting Corporation).(『心・脳・科学』土屋俊訳、岩波書店、2005).
Searle, John 2004: Mind (Oxford and New York: Oxford University Press).
Selby-Bigge, L. A. (ed.) 1896: Hume's Treatise of Human Nature (Oxford: Clarendon Press).(『人性論』全4巻、大槻春彦訳、岩波文庫).
Shankara 1978: Crest Jewell of Discrimination, trans. Swami Prabhavananda and Christopher Isherwood, 3rd edn (Hollywood, California: Vedanta Press).
Shore, David, C. Spence and R. M. Klein 2001: 'Visual Prior Entry', Psychological Science, vol. 12, no. 3.
Simon, Ulrich 1958: Heaven in the Christian Tradition (New York: Harper & Brothers).
Singer, Wolf 1998: 'Consciousness from a Neurobiological Perspective' in Rose (ed.) 1999.
Smith, Wilfred Cantwell 1978: The Meaning and End of Religion [1962] (Minneapolis: Fortress Press).
Stace, Walter 1960: Mysticism and Philosophy (Philadelphia: Lippincott).
Stanner, W. E. H. 1979: 'The Dreaming' [1956], in William Lesser and Evon Vogt, eds, Reader in Comparative Religion: an Anthropological Approach, 4th edn (New York and London: Harper & Row).

Stapp, Henry P. 1995: 'Why Classical Mechanics Cannot Naturally Accommodate Consciousness but Quantum Mechanics Can', Psyche: an Interdisciplinaiy Journal of Research on Consciousness, vol. 2, no. 5.

Stevenson, Ian 1966: Twenty Cases Suggestive of Reincarnation (New York: American Society for Psychical Research).

Suzuki, D. T. 1956: Zen Buddhism, ed. William Barrett (Garden City, New York: Doubleday Anchor Books).

Suzuki, D. T. 1982: 'The Buddhist Conception of Reality', in Frederick Franck, ed., The Buddha Eye (New York: Crossroad).

Swinburne, Richard 1979: The Existence of God (Oxford: Clarendon Press).

Tallis, Raymond 1992: The Explicit Animal: a Defence of Human Consciousness (London, now Basingstoke, and New York: Palgrave).

Tart, Charles 1975: States of Consciousness (New York: E. P. Dutton).

Taylor, Charles 1991: The Ethics of Authenticity (Cambridge, Massachusetts: HarvardUniversity Press). (『「ほんもの」という倫理—近代とその不安』田中智彦訳、産業図書、2004).

Teresa of Avila 1960: The Life of Teresa of Jesus: the Autobiography of St. Teresa of Avila, trans. Allison Peers (Garden City, New York: Doubleday Image Books).

Torrance, Alan 2004: 'Theism, Naturalism and Cognitive Science', in David Lorimer, ed., Science, Consciousness and Ultimate Reality (Exeter: Imprint Academic).

Turner, Denys 1995: The Darkness of God (Cambridge: Cambridge University Press).

Tutu, Desmond 1999: No Future without Forgiveness (New York: Doubleday).

Tyler, E. B. 1871: Primitive Culture, 2 vols (London: John Murray, 1903).

Underhill, Evelyn 1999: Mysticism [1910] (Oxford: Oneworld Publications).

Vermes, Geza 1973: Jesus the Jew (London: Collins).
Vermes, Geza 1993: The Religion of Jesus the Jew (London: SCM Press).
Vygotysky, Lev 1986: Thought and Language (London: MIT Press).
Ward, Keith 1994: Religion and Revelation (Oxford: Clarendon Press).
Weinberg, Steven 1993: Dreams of a Final Theory (London: Hutchinson). (『究極理論への夢』小尾信弥、加藤正昭共訳、ダイアモンド社、1994).
Wensink, A. J., and A. Rippin 2002: 'Wahy' (Revelation), in Encyclopaedia of Islam, vol. 11 (Leiden: Brill).
Winkworth, Susanna (trans.) 1937: Theologia Germanica (London: Macmillan). (『テオロギヤ、ゲルマニカ』佐藤繁彦訳、星文館、1916).
Wittgenstein, Ludwig 1953: Philosophical Investigations, trans. Elizabeth Anscombe (Oxford: Blackwell). (『哲学探究』ウィトゲンシュタイン全集第8巻　藤本隆志訳、大修館書店、1976).
Wolman, Benjamin (ed.) 1977: Handbook of Parapsychology (New York and London: Van Nostrand Reinhold).
Wolters, Clifton 1978: The Cloud of Unknowing (London: Penguin). (『不可知の雲』斎田靖子訳、エンデルレ書店、1995).
Woods, Richard (ed.) 1980: Understanding Mysticism (New York: Image Books).
Woodward, Frank (trans.) 1956: The Book of the Kindred Sayings (Samyutta Nikaya), Part 4 (London: Pali Text Society, Luzac).
Worthington, E. L., T. A. Kuruso, M. E. McCullough and S. J. Sandage 1996: 'Empiricial Research on Religion and Psychotherapeutic Processes and Outcomes: a Ten-Year Review and Research Prospectus', Psychological Bulletin, no. 119.
Yaran, Cafer S. 2003: Muslim Religious Experience, 2nd series Occasional Papers 31 (Lampeter: Religious Experience Research Centre).